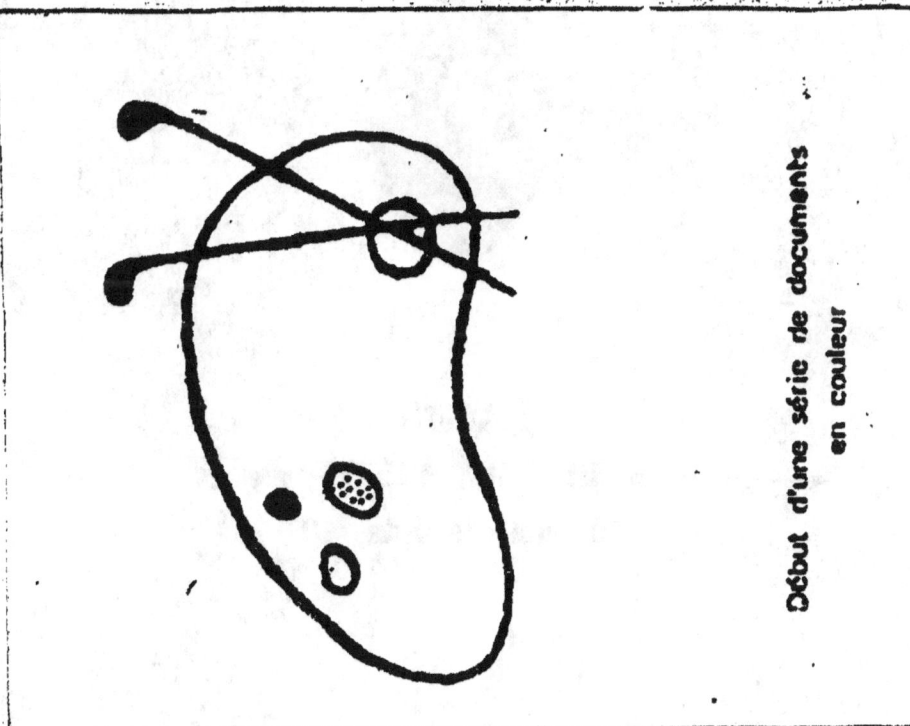

Couverture inférieure manquant

Début d'une série de documents en couleur

PHILOSOPHIE DE SAINT THOMAS

LA
NATURE HUMAINE

Par M. J. GARDAIR, Professeur libre de Philosophie

A LA FACULTÉ DES LETTRES DE PARIS, A LA SORBONNE

PARIS

P. LETHIELLEUX, Libraire-Éditeur

10, RUE CASSETTE, 10

II

L'ACTIVITÉ INTELLECTUELLE DE L'AME

I. — Les puissances intellectuelles, entendement et volonté, demeurent dans l'âme séparée, qui en est le sujet. — Elles opèrent alors avec le secours d'idées qu'elles reçoivent de Dieu par une influence naturelle, et au moyen des connaissances habituelles qu'elles avaient acquises dans la vie précédente 384

II. — Les âmes séparées sont en communication intellectuelle avec les autres âmes séparées. — Mais, dans l'ordre naturel, elles ignorent ordinairement ce qui se fait sur la terre. — Elles connaissent les lois de l'univers physique, mais leur science est plus vague que celle des esprits purs. — Aucune intelligence créée ne peut voir naturellement l'essence de Dieu 393

tions du problème dont il s'agit. — Explication de l'hérédité des dispositions individuelles. . 354

X

L'AME SÉPARÉE DU CORPS

INTRODUCTION

L'âme humaine, à cause de sa spiritualité et de son immortalité, étant séparable du corps, en quel état se trouve-t-elle après que la mort l'en a séparée ? Il y a lieu d'examiner ce qu'elle devient, d'abord en tant que forme du corps et principe des puissances organiques, puis comme principe et sujet des puissances intellectuelles. 369

I

L'ÉNERGIE CORPORELLE DE L'AME

I. — L'âme séparée conserve la capacité d'être forme d'un corps et une inclination naturelle à s'unir à la matière. — Les puissances organiques ne sont plus dans l'âme séparée, ni comme puissances opérantes, ni même comme pures puissances 371

II. — Dans l'âme séparée, reste la racine des puissances organiques. — L'âme garde, après la mort, une adaptation individuelle au corps qu'elle formait. 378

néral doit se compléter par l'étude de la constitution et de la génération de l'homme individuel. 327

I

CONSTITUTION DE L'INDIVIDU

I. — La matière est le principe d'individuation des formes dans les êtres corporels. — Application aux êtres inférieurs à l'homme. . . 329

II. — L'âme humaine, bien que subsistante en elle-même, prend le caractère individuel par son union à la matière d'un corps. — Elle n'existe pas avant cette union 335

II

GÉNÉRATION DE L'ÊTRE INDIVIDUEL

I. — Dans le règne végétal, la semence transmet la vertu génératrice de la plante pour former une plante semblable. — Dans la génération des animaux sans raison, un certain principe de vie végétative précède l'âme sensitive, et celle-ci remplace la première âme. — Dans la génération de l'homme, une âme sensitive succède aussi à une âme végétative qu'elle remplace, et l'âme humaine arrive ensuite pour remplacer les deux âmes précédentes et compléter l'être individuel. 345

II. — Réfutation de quelques objections contre la théorie de la succession des âmes dans la génération. — Défaut de plusieurs autres solu-

II

EXISTENCE DES PUISSANCES DE L'AME

I. — Les puissances d'opération des formes substantielles ne sont pas nécessairement toutes dans le corps tout entier ni dans chaque partie du corps. — Problème de certains vivants, plantes et animaux inférieurs, dont les fragments séparés continuent de vivre : solution d'Aristote et de saint Thomas. — Dans les vivants supérieurs, notamment dans l'homme, chaque puissance organique n'est que dans son organe. Les puissances intellectuelles, intelligence et volonté, sont dans l'âme seule 299

II. — D'après saint Thomas, c'est par un contact de vertu que l'âme humaine communique au corps ses puissances végétatives et sensitives. — L'âme est le principe de ces puissances ; mais elles sont dans leurs organes respectifs comme dans leur sujet. — Toutes les puissances de l'âme sont ordonnées entre elles et sont mises en communication ensemble par l'essence de l'âme, où elles ont leur racine. . 311

IX

L'HOMME INDIVIDUEL

INTRODUCTION

La connaissance de la nature humaine en gé-

forme substantielle, la seule âme, de l'homme. Elle est, tout à la fois, principe de formation du corps, de vie végétative, de vie sensitive et de vie intellectuelle 255

II. — Réfutation d'objections contre cette théorie : elle n'est pas contradictoire avec la spiritualité de l'âme. 271

VIII

MODES D'EXISTENCE DE L'AME DANS LE CORPS

INTRODUCTION

L'âme existe dans le corps et par son essence et par ses puissances d'opération : distinction de ces deux modes d'existence. 283

I

EXISTENCE ESSENTIELLE DE L'AME

I. — Comme toutes les formes substantielles, l'âme humaine est, par son essence, tout entière dans le corps et tout entière dans chaque partie du corps. 285

II. — L'âme, cependant, ne communique son être au corps que dans la mesure où celui-ci peut le recevoir : l'être de l'âme n'en est pas moins indivisible 289

VII

UNION DES FORMES SUBSTANTIELLES ET DE LA MATIÈRE

INTRODUCTION

L'explication de la nature humaine exige la solution de ce problème : comment les formes substantielles sont-elles unies à la matière ? . 241

I

LES SUBSTANCES INFÉRIEURES

I. — La forme substantielle donne l'unité avec l'être à la substance composée de matière et de forme. — Une substance ne peut avoir qu'une seule forme substantielle ; cette forme est unie immédiatement à la matière première pour constituer la substance composée. . . 243

II. — Union de la forme et de la matière et unité de forme dans le corps inorganique, dans le végétal, dans l'animal. — Toute forme supérieure possède, outre ses vertus propres, les vertus des formes inférieures. 247

II

L'HOMME

I. — L'âme humaine est la forme substantielle du corps humain. Elle est unie immédiatement à la matière première pour former l'homme, substance composée. Elle est la seule

sables comme les formes de substances inorganiques 199

II. — Toutes les formes substantielles dépendantes de la matière, âmes de la plante et de l'animal comme les formes des corps bruts, doivent leur origine à une évolution naturelle de la matière 210

II

L'AME IMMORTELLE

I. — L'âme humaine, précisément parce qu'elle est spirituelle et indépendante de la matière, est immortelle. — Autres preuves de l'immortalité, tirées du désir de vivre toujours, de la perfection que l'âme trouve dans la connaissance et l'amour de ce qui est impérissable, et de la nécessité morale d'une compensation, après la mort, aux injustices de la vie présente. — Affirmation de l'immortalité de l'âme par Aristote. 218

II. — L'âme humaine, spirituelle et subsistante en elle-même, ne peut être produite par une génération corporelle, ni émanée de l'âme des parents, ni être détachée de la substance de Dieu : il faut une création divine pour lui donner l'être 233

pendante de la matière corporelle, parce que cette matière limite à l'individuel tout ce qui dépend d'elle. — Le nécessaire, qui est un point de vue de l'universel, prouve aussi, parce qu'il est connu et aimé par l'âme humaine, l'indépendance de cette âme vis-à-vis de la matière, c'est-à-dire sa spiritualité. 176

III. — Autre argument de saint Thomas : Si l'âme n'était pas indépendante de la matière corporelle, son intelligence ne pourrait pas connaître les natures de tous les corps. — Discussion de cet argument. — Réfutation d'une objection qui s'appuie sur l'individualité de l'âme pour combattre la preuve de la spiritualité par l'universel 184

VI

DURÉE ET ORIGINE DES FORMES SUBSTANTIELLES

INTRODUCTION

La durée et l'origine des formes substantielles sont connexes entre elles et proportionnées à la nature de ces formes 197

I

LES FORMES PÉRISSABLES

I — Le principe de vie de la plante et l'âme de la bête, n'étant pas indépendants de la matière, ne sont pas immortels : ils sont péris-

V

L'AME HUMAINE

INTRODUCTION

L'âme humaine a deux caractères fondamentaux : simplicité et spiritualité. 153

I

SIMPLICITÉ DE L'AME

I. — L'âme humaine, comme toute créature, est un composé d'essence et d'être actuel. Mais, dans son essence, elle est simple, sans composition de matière et de forme : car en elle-même elle est forme. — Néanmoins, elle a de nombreuses puissances d'opération. . . . 155

II. — L'âme humaine n'est pas corps, elle n'est pas étendue, et cela précisément parce qu'elle n'a pas de matière en elle-même. La simplicité de l'acte intellectuel est, d'ailleurs, une preuve de la simplicité incorporelle de l'âme 164

II

SPIRITUALITÉ DE L'AME

I. — La connaissance proprement humaine a pour caractères l'universalité et la nécessité. — Que faut-il entendre par universel ? — La volonté humaine a aussi pour objet l'universel . 169

II. — La connaissance et l'amour de l'universel prouvent que l'âme de l'homme est indé-

La question se pose d'abord pour les formes inférieures à l'âme humaine : les unes sans connaissance ; les autres, principes de connaissance sensible. 113

I

LES FORMES DES CORPS BRUTS ET DES VÉGÉTAUX

I. — La forme substantielle du corps inorganique est dépendante de la matière : les opérations d'un tel corps le démontrent . . 118

II. — Le principe de vie de la plante est dépendant aussi de la matière : les opérations végétatives manifestent cette dépendance. . . 124

II

L'AME DES BÊTES

I. — Discussion des objections qui tendraient à prouver que l'âme des bêtes est indépendante de la matière. Il n'y a pas de raison suffisante pour que les puissances sensitives soient indépendantes de l'organisme, ni, par conséquent, pour que l'âme sensitive des bêtes soit indépendante du corps 129

II. — La singularité matérielle de la connaissance animale montre la dépendance de l'âme des bêtes à l'égard de la matière. On peut voir aussi cette dépendance dans les passions animales et les mouvements qu'elles provoquent. 142

celle des corps bruts. — La vie a des degrés
divers 75

I

LES VIVANTS

I. — Définition de la vie par le mouvement
spontané, entendu dans un sens large . . 78

II. — Les divers genres de vivants et les différents degrés de la vie : plante, animal, homme ;
vie végétative, vie sensitive, vie rationnelle. . 81

II

LES PRINCIPES DE VIE

I. — Les différents degrés de la vie supposent différents principes de vie, formes substantielles appelées âmes, douées de puissances
plus ou moins parfaites. — Les puissances sont
distinctes de l'essence de l'âme et en émanent 89

II. — Analyse du mouvement spontané qui
caractérise la vie : différence entre ce mouvement et celui des corps bruts 99

IV

NATURE DES FORMES SUBSTANTIELLES

INTRODUCTION

Les formes substantielles qui sont unies à la
matière, en sont-elles toutes dépendantes ? —

bissent les corps, montrent en eux la coexistence d'une matière première persistante et de formes qui se succèdent pour la constituer en substances diverses : la combinaison des éléments donne naissance à un composé dont la forme remplace celle des composants. — Formes substantielles et formes accidentelles. . 36

II. — La science moderne a-t-elle prouvé la fausseté de la théorie d'Aristote et de saint Thomas sur la combinaison des corps? — La notion des atomes peut être entendue dans un sens qui ne contredit pas cette théorie. . . 48

II

CONSTITUTION ESSENTIELLE DES CORPS

I. — La distinction entre les propriétés communes et les propriétés spécifiques des corps peut être invoquée en faveur de la théorie de la matière et de la forme. 55

II. — Un autre argument favorable peut être tiré de l'opposition entre l'étendue indéfiniment divisible et l'unité naturelle des corps . 60

III. — Les deux caractères d'inertie et d'activité sont aussi en faveur de la même théorie . 64

III

LA VIE

INTRODUCTION

Les vivants ont une activité supérieure à

II

LA NATURE HUMAINE

I. — La doctrine de saint Thomas sur la nature humaine est en connexion avec toutes les autres parties de sa philosophie. — Aperçu sur la nature des êtres corporels autres que l'homme : corps bruts, végétaux et animaux ; à quel point ils sont dépendants de la matière. . 20

II. — Aperçu sur la nature de l'homme ; il n'est pas esprit pur ; mais l'âme qui le forme avec la matière est, néanmoins, spirituelle et immortelle. 25

II

LA MATIÈRE ET LA FORME

INTRODUCTION

Pour connaître l'homme, qui est corps et esprit, il faut savoir d'abord ce que c'est qu'un corps, et pour cela, d'après Aristote et saint Thomas, définir la matière et la forme, les deux éléments de toute substance corporelle. — Un examen critique est nécessaire de la théorie empruntée par saint Thomas à Aristote sur la constitution des corps 33

I

LES TRANSFORMATIONS DE LA MATIÈRE

I. — Selon Aristote, les changements que su-

TABLE DES MATIÈRES

I

LA PHILOSOPHIE DE SAINT THOMAS

INTRODUCTION

Il y a, dans la doctrine de saint Thomas, une véritable philosophie. — La nature humaine y est présentée comme la synthèse de tous les genres d'être créés 3

I

LA RAISON ET LA FOI

I. — Certaines vérités peuvent être démontrées par la raison naturelle, elles forment le domaine spécial de la philosophie 5

II. — Rôle de la raison et de la foi à l'égard des vérités qui sont en même temps l'objet de l'une et de l'autre : la foi vient au secours de la raison pour faire adhérer à ces vérités un plus grand nombre d'esprits, plus rapidement et plus sûrement 8

III. — Le même esprit ne peut à la fois sur la même vérité faire acte de science et acte de foi ; mais l'un peut savoir ce que croit un autre. . 11

IV. — La science ne diminue pas le mérite de la foi. — La foi vive porte à rechercher la science de ce qui peut être connu par la raison 15

Enfin, ni l'ange ni l'âme de l'homme ne peuvent naturellement, par aucune forme représentative, si pure, si élevée qu'elle soit, voir dans son infinie profondeur l'essence même de Dieu. Si l'Être divin veut se dévoiler à une intelligence créée, il faut que surnaturellement il y descende lui-même et s'y pose comme l'intelligible parfait (1).

inferioribus autem sunt formæ plures et minus universales et minus efficaces ad comprehensionem rerum, inquantum deficiunt a virtute intellectiva superiorum. Si ergo inferiores substantiæ haberent formas in illa universalitate in qua habent superiores, quia non sunt tantæ efficaciæ in intelligendo, non acciperent per eas perfectam cognitionem de rebus, sed in quadam communitate et confusione; quod aliqualiter apparet in hominibus: nam qui sunt debilioris intellectus, per universales conceptiones magis intelligentium non accipiunt perfectam cognitionem, nisi eis singula in speciali explicentur (I, q. LXXXIX, a. 1).

(1) Non igitur potest intellectus creatus Deum per essentiam videre, nisi inquantum Deus per suam gratiam se intellectui creato conjungit, ut intelligibile ab ipso (I, q. XII, a. 4).

ce qui ressort de toutes nos investigations sur la nature humaine, à savoir que, si l'homme est au-dessus de la bête, il est essentiellement inférieur à l'ange : il s'ensuit que son intelligence n'a pas la même puissance de pénétration que les esprits plus rapprochés de Dieu et créés pour penser sans image et par idées innées. De même qu'entre les hommes il y a des degrés de force intellectuelle, et que par les mêmes notions générales l'un aperçoit plus de vérités qu'un autre et plus d'applications particulières ; de même, tandis que Dieu voit tout dans la simplicité de son essence, et ce qu'il est, et ce qu'il fait, et ce qu'il peut faire, l'ange par plusieurs idées, qui découlent en lui de l'essence divine, connaît moins parfaitement les œuvres de Dieu, et l'âme humaine a encore moins de perspicacité pour découvrir tout ce que contiennent les formes intelligibles qui dérivent de l'intelligibilité suprême (1).

(1) Deus per unam suam essentiam omnia intelligit. Superiores autem intellectualium substantiarum etsi per plures formas intelligant, tamen intelligunt per pauciores et magis universales et virtuosiores ad comprehensionem rerum, propter efficaciam virtutis intellectivæ quæ est in eis. In

n'est pas un travail inutile (1) »; elle peut découvrir des vérités scientifiques, dont le souvenir durera même après la mort.

Certes, ce n'est pas l'éloignement qui est cause d'une certaine obscurité dans la connaissance après la mort. Aucune distance locale n'est un empêchement à une vision intellectuelle dont une lumière venue de Dieu est le principe immédiat; car une telle lumière a le même rapport à tous les lieux comme à tous les temps (2). L'explication se trouve dans l'infériorité naturelle de notre entendement.

Si donc l'on s'étonne qu'une âme en qui Dieu pose les idées représentatives des choses, ne voie pas complètement ce que ces idées représentent, que l'on veuille bien se rappeler

(1) Cognitio quæ acquiritur hic per studium, est propria et perfecta; alia autem est confusa: unde non sequitur quod studium addiscendi sit frustra (I, q. LXXXIX, a. 3, ad 4).

(2) Intelligit autem anima separata singularia per influxum specierum ex divino lumine; quod quidem lumen æqualiter se habet ad propinquum et distans: unde distantia localis nullo modo impedit animæ separatæ cognitionem (I, q. LXXXIX, a. 7).

Du moins, est-il donné aux âmes séparées de savoir les secrets et les lois de l'univers physique ? Sans doute, le Créateur, en éclairant leur intelligence, tend à leur manifester toutes les beautés de son œuvre matérielle ; mais n'oublions pas que ces âmes sont incapables de voir dans cette lumière tout ce qu'un esprit pur y contemple (1) : leur science est moins nette, leur vue moins distincte, et peut-être même tel savant ici-bas a-t-il, sur certains points, plus de connaissances précises que telle âme sans corps, dans l'ordre naturel. Saint Thomas n'hésite pas à dire que « la science qui est acquise ici par l'étude, est appropriée et parfaite, tandis que l'autre est confuse : s'il en est ainsi, ajoute-t-il, l'étude

etiam facta viventium non per seipsos cognoscere, sed vel per animas eorum qui hinc ad eos accedunt, vel per angelos seu dæmones, vel etiam spiritu Dei revelante (I, q. LXXXIX, a. 8, ad 1).

(1) Sicut igitur se habent angeli ad perfectam cognitionem rerum naturalium per hujusmodi species, ita animæ separatæ ad imperfectam et confusam... Unde et animæ separatæ de omnibus naturalibus cognitionem habent, non certam et propriam, sed communem et confusam (I, q. LXXXIX, a. 3).

server aussi les permissions extraordinaires de la Providence. Sous ces réserves, il est probable que les événements au milieu desquels nous vivons sont ordinairement cachés aux âmes qui n'habitent plus parmi nous, parce qu'elles ne voient pas par les simples représentations infuses toutes les choses singulières, mais celles qui ont laissé des traces dans leur intelligence ou leur volonté, et dont le souvenir leur est rappelé; ou celles auxquelles une intention particulière de Dieu les conforme. Elles peuvent cependant apprendre quelques-uns des faits qui nous occupent, par les âmes qui viennent de la terre au séjour des esprits, ou par les anges même, car ceux-ci nous voient naturellement. D'ailleurs, sans connaître exactement ce qui se passe ici, elles peuvent s'intéresser encore à nous, comme de notre côté nous nous intéressons aux âmes des parents et des amis que nous avons perdus, et nous souhaitons qu'elles soient heureuses (1).

(1) Animæ mortuorum possunt habere curam de rebus viventium, etiamsi ignorent eorum statum ; sicut nos habemus de mortuis, eis suffragia impendendo, quamvis eorum statum ignoremus. Possunt

Nous aurions le désir de pouvoir aussi, sur cette terre, rester en communication naturelle avec les âmes que la mort a éloignées de nous. Mais ne nous faisons point illusion : « les âmes des morts, comme le dit saint Thomas, selon l'ordonnance divine et selon leur mode d'être, sont soustraites à la société des vivants et agrégées à la société des substances spirituelles qui sont séparées de tout corps ; aussi ignorent-elles ce qui se fait chez nous (1) ». Nous ne parlons ici que de l'ordre naturel, et il convient de réserver l'intuition des choses terrestres que les bienheureux peuvent avoir dans la vision de l'essence divine, et de ré-

---

(1) Secundum naturalem cognitionem, de qua nunc hic agitur, animæ mortuorum nesciunt quæ hic aguntur. Et hujus ratio ex dictis accipi potest, a. 4 hujus quæst. : quia anima separata cognoscit singularia per hoc quod quodammodo determinata est ad illa, vel per vestigium alicujus præcedentis cognitionis seu affectionis, vel per ordinationem divinam. Animæ autem mortuorum, secundum ordinationem divinam et secundum modum essendi, segregatæ sunt a conversatione viventium et conjunctæ conversationi spiritualium substantiarum quæ sunt a corpore separatæ : unde ea quæ apud nos aguntur, ignorant (I, q. LXXXIX, a. 8).

les charmes; mais pourquoi se refuserait-elle la consolation de les présumer? Si aujourd'hui il nous est impossible de découvrir, par un simple acte de notre volonté, à une autre âme ce qui se passe dans la nôtre, c'est que les corps interceptent la communication des âmes entre elles et les obligent à employer des signes sensibles pour exprimer au dehors leurs pensées et leurs affections (1): dans la vie séparée, l'intelligence ira droit à l'intelligible, et la volonté pourra le manifester à un autre esprit par la simple intention de le faire entendre.

erat in corpore; alio modo per species in ipsa sua separatione a corpore sibi divinitus infusas; tertio modo videndo substantias separatas, et in eis species rerum intuendo. Sed hoc ultimum non subjacet ejus arbitrio, sed magis arbitrio substantiæ separatæ, quæ suam intelligentiam aperit loquendo et claudit tacendo (Q. disp. *de Veritate*, q. XIX, a. 1).

(1) Et similiter esset apud nos, si intellectus noster posset ferri in intelligibilia immediate; sed, quia intellectus noster a sensibilibus naturaliter accipit, oportet quod ad interiores conceptus exprimendos quædam sensibilia signa aptentur, quibus cognitiones cordium nobis manifestentur (Q. disp. *de Veritate*, q. IX, a. 4).

Cependant, si un ange veut faire savoir ce qu'il pense à une âme séparée, il n'a qu'à vouloir le lui manifester; elle l'entendra, et pourra répondre à cet ange; elle entendra aussi ce qu'une autre âme séparée voudra lui dire, et à son tour elle pourra parler à cette âme. Ainsi s'établira une conversation immatérielle entre les esprits sans corps; ainsi se liera une société supérieure, où les souvenirs de l'existence terrestre se mêleront aux vues plus hautes, aux sentiments plus nobles d'une autre vie (1): la raison ne peut qu'en entrevoir

intelligitur aliquid secundum quod est in intelligente; est autem aliquid in altero per modum ejus in quo est. Modus autem substantiæ animæ separatæ est infra modum substantiæ angelicæ, sed est conformis modo aliarum animarum separatarum; et ideo de aliis animabus separatis perfectam cognitionem habet, de angelis autem imperfectam et deficientem, loquendo de cognitione naturali animæ separatæ... Anima separata intelligit angelos per similitudines divinitus impressas; quæ tamen deficiunt a perfecta repræsentatione eorum, propter hoc quod animæ natura est inferior quam angeli (I, q. LXXXIX, a. 2, corp. et ad 2).

(1) Anima post mortem tribus modis intelligit: uno modo per species quas recepit a rebus dum

II. — Aidée par l'influence divine, l'âme, bien qu'à certains égards elle regrette le corps où se complétait sa personnalité, doit s'estimer néanmoins heureuse d'être affranchie de l'appesantissement et des occupations absorbantes que lui imposait l'existence corporelle, d'avoir plus de liberté pour se nourrir de vérité et pour jouir des biens intellectuels (1). Entièrement dégagée de la matière, elle se voit plus profondément et plus clairement elle-même, sa propre spiritualité lui apparaît évidente, elle se comprend mieux et comprend mieux les autres âmes, ses sœurs. Mais, malgré le secours des représentations infuses, elle ne saurait saisir parfaitement la nature des anges, parce que les idées qu'elle en a prennent en elle la mesure de sa substance moins pure et moins élevée (2).

(1) Anima separata est quidem imperfectior, si consideretur natura corporis; sed tamen quodammodo est liberior ad intelligendum, inquantum per gravedinem et occupationem corporis a puritate intelligentiæ impeditur (I, q. LXXXIX, a. 2, ad 1).

(2) Est autem commune omni substantiæ separatæ quod intelligat id quod est supra se et id quod est infra se, per modum suæ substantiæ. Sic enim

C'est ainsi que les idées reçues de Dieu éveillent en elle les connaissances habituelles qu'elle a retenues de la vie précédente, et leur rend la précision et le relief dont les privait l'absence de l'imagination. Par cette combinaison de savoir acquis et de science infuse, l'âme séparée a l'actualité de la pensée; sa vie intellectuelle se continue et s'augmente ; c'est la même vie d'esprit qui se poursuit et s'enrichit de lumières nouvelles, émanées de l'intelligence suprême.

sunt singularia cognoscere. In hoc tamen est differentia inter angelos et animas separatas : quia angeli per hujusmodi species habent perfectam et propriam cognitionem de rebus; animæ vero separatæ confusam. Unde angeli propter efficaciam sui intellectus, per hujusmodi species non solum naturas rerum in speciali cognoscere possunt, sed etiam singularia sub speciebus contenta; animæ vero separatæ non possunt cognoscere per hujusmodi species nisi solum singularia illa ad quæ quodammodo determinantur, vel per præcedentem cognitionem, vel per aliquam affectionem, vel per naturalem habitudinem, vel per divinam ordinationem ; quia omne quod recipitur in aliquo, recipitur in eo per modum recipientis (I, q. LXXXIX, a. 4).

de leurs espèces. Mais l'âme de l'homme n'a pas d'habileté naturelle pour utiliser complètement les formes de connaissance versées libéralement dans son intelligence par l'entendement divin : née pour penser au moyen d'idées abstraites, singularisées par les images sensibles, elle ne voit alors les singuliers dans les représentations générales qui lui sont données, qu'autant qu'elle a déjà quelque détermination particulière à tels ou tels objets individuels, par exemple si elle y est prédisposée par une connaissance antérieure, par une affection persistante, par une adaptation native, ou par une direction providentielle (1).

(1) Duplex est modus intelligendi. Unus per abstractionem a phantasmatibus ; et secundum istum modum singularia per intellectum cognosci non possunt directe, sed indirecte, sicut supra dictum est, q. LXXXVI, a. 1. Alius modus intelligendi est per influentiam specierum a Deo ; et per istum modum intellectus potest singularia cognoscere. Sicut enim ipse Deus per suam essentiam, inquantum est causa universalium et individualium principiorum, cognoscit omnia et universalia et singularia, ut supra dictum est, q. XIV, a. 2, ita substantiæ separatæ per species, quæ sunt quædam participatæ similitudines illius divinæ essentiæ, pos-

corps, dans la sphère des esprits séparés, et participe à l'effusion plus directe de lumière divine qui rayonne dans ce milieu tout immatériel. Dès lors, elle tourne toute son activité vers l'intelligible supérieur, et aspire à penser et à vouloir à la façon des anges (1). Elle n'y peut cependant tout-à-fait réussir par ses forces naturelles, parce que cette vie est trop haute pour son énergie native. L'ange se sert aisément de ses idées innées pour concevoir, dans une clarté distincte, précise et nuancée, les autres créatures et dans leur essence spécifique et dans leur singularité positive; car les idées divines, dont les idées angéliques sont le reflet, contiennent le modèle primitif de tout ce que Dieu crée, des choses singulières comme

(1) Anima separata non intelligit per species innatas, nec per species quas tunc abstrahit, nec solum per species conservatas, ut objectio probat; sed per species ex influentia divini luminis participatas, quarum anima fit particeps, sicut et aliæ substantiæ separatæ, quamvis inferiori modo: unde tam cito cessante conversione ad corpus, ad superiora convertitur. Nec tamen propter hoc cognitio vel potentia non est naturalis; quia Deus est auctor non solum influentiæ gratuiti luminis, sed etiam naturalis (I, q, LXXXIX, a. 1, ad 3).

Mais, puisque notre âme existe séparée du corps, il faut bien que la Providence, qui la conserve en cet état hors nature, lui fournisse le moyen de déployer les puissances qu'elle possède encore et lui communique, comme il le fait aux purs esprits, des formes intellectuelles, suffisantes pour représenter, non seulement d'une manière universelle, mais même singulièrement, les choses créées. Substance spirituelle, l'âme humaine, détachée de la matière, entre, à l'instant où elle quitte le

animas humanas. Hæc autem perfectio universi exigebat ut diversi gradus in rebus essent. Si igitur animæ humanæ sic essent institutæ a Deo ut intelligerent per modum qui competit substantiis separatis, non haberent cognitionem perfectam, sed confusam in communi. Ad hoc ergo quod perfectam et propriam cognitionem de rebus habere possent, sic naturaliter sunt institutæ ut corporibus uniantur, et sic ab ipsis rebus sensibilibus propriam de eis cognitionem accipiant, sicut homines rudes ad scientiam induci non possunt nisi per sensibilia exempla. Sic ergo patet quod propter melius animæ est ut corpori uniatur et intelligat per conversionem ad phantasmata; et tamen esse potest separata et alium modum intelligendi habere (I, q. LXXXIX, a. 1).

se fait-il que dans la vie présente nous ayons besoin, pour penser, de l'imagination, faculté organique, et de son organe? ou bien le corps est nécessaire pour que l'intelligence opère; et alors, comment penserons-nous, si nous n'avons pas de corps?

Notre âme, certainement, tant qu'elle est unie à la matière, ne peut ni penser ni, par conséquent, vouloir sans le concours de l'organisme; en cette situation, qui lui est naturelle, sa lumière intellectuelle est tournée vers les choses corporelles pour en abstraire les notions universelles, et, pour que ces idées ne restent pas vagues par une généralité trop exclusive, notre esprit doit les appliquer aux données individuelles que lui présente l'imagination. C'est donc pour son avantage que l'âme a un corps: sans organe corporel, pas d'image sensible; et sans une telle image, notre intelligence, livrée à elle-même, ne saurait donner à ses idées le relief des représentations concrètes, à supposer même qu'elle pût produire quelques concepts au moyen de formes qui lui fussent innées (1).

(1) Manifestum est autem inter substantias intellectuales secundum naturæ ordinem infimas esse

sont dans l'ombre, et, pour être aperçues, il faudrait qu'elles vinssent au jour (1); de même, elles ne peuvent fournir aucun objet de connaissance à l'esprit que si leur énergie cachée se manifeste en acte. La difficulté est de découvrir de quelle manière elles pourront s'actualiser sans image sensible qui donne corps à la pensée: ne serait-ce point contradictoire avec notre nature même, où ce qui est spirituel a besoin de s'appuyer sur ce qui est corporel (2)?

Voici donc le dilemme qui se pose: ou bien l'absence de l'organisme n'empêche pas l'exercice de l'intelligence; et dans ce cas, comment

(1) Habitus quodammodo est medium inter potentiam puram et purum actum. Jam autem dictum est, art. præc., quod nihil cognoscitur nisi secundum quod est actu. Sic ergo, inquantum habitus deficit ab actu perfecto, deficit ab hoc ut non sit per seipsum cognoscibilis; sed necesse est quod per actum suum cognoscatur (I, q. LXXXVII, a. 2).

(2) Si autem ponamus quod anima ex sua natura habeat ut intelligat convertendo se ad phantasmata, quum natura animæ post mortem corporis non mutetur, videtur quod anima tunc naturaliter nihil possit intelligere, quum non sint ei præsto phantasmata ad quæ convertatur (I, q. LXXXIX, a. 1).

Sans entrer dans le détail des procédés par lesquels se produit notre pensée, dans la vie présente, il est facile de voir que l'imagination sert de support et comme de matière à nos conceptions, après la préparation par les sens des données positives d'où notre entendement fait naître ses idées abstraites ; et que l'image sensible a son rôle dans le rappel à l'actualité des connaissances qui avaient pris la forme d'habitudes dans notre esprit.

Or, l'imagination, comme tous les sens, ne saurait exister sans organe. Il semble donc que l'âme, séparée de l'organisme, soit impuissante à penser, et par conséquent à vouloir, car la volonté suit l'intelligence et son inclination est éveillée par la lumière.

Peut-être en serait-il ainsi, si l'âme était abandonnée à elle-même. Sans doute, entre l'esprit vide d'idées et le concept vu actuellement, il y a comme intermédiaire la pensée latente et habituelle, l'impression, retenue par l'intelligence, des notions et des jugements précédemment formés. Ces sortes d'habitudes acquises doivent se trouver encore dans l'âme séparée ; car elles se sont gravées dans sa puissance intellectuelle, qui ne la quitte pas. Mais elles y

de l'essence de l'âme, quand les deux éléments de l'homme se désunissent ; spirituelles, elles restent fixées à l'esprit.

Comme cet esprit conserve son individualité, les facultés qui persistent en lui ne perdent pas non plus leurs caractères individuels ; ce sont toujours les mêmes puissances du même individu, bien que celui-ci soit en quelque sorte mutilé de son corps. Le degré d'énergie qui distinguait l'intelligence et la volonté de cet homme-ci en comparaison avec cet homme-là, les tendances, les dispositions et les habitudes empreintes dans ces facultés, soit par l'effet indirect de l'hérédité, soit par l'exercice de la vie personnelle, tous les traits, en un mot, de chaque physionomie intellectuelle demeurent reconnaissables. Lorsque cette âme prendra conscience de son existence et de ses actes, elle se reconnaîtra donc la même dans son individualité actuelle et agissante, car l'acte porte la marque de la puissance comme la puissance a celle du sujet substantiel.

Mais comment, sans le corps, l'âme peut-elle penser et vouloir? L'organisme n'est-il pas nécessaire pour l'exercice des facultés intellectuelles?

II

L'ACTIVITÉ INTELLECTUELLE DE L'AME.

I. — Les puissances intellectuelles, entendement et volonté, demeurent dans l'âme séparée, qui en est le sujet. — Elles opèrent alors avec le secours d'idées qu'elles reçoivent de Dieu par une influence naturelle, et au moyen des connaissances habituelles qu'elles avaient acquises dans la vie précédente.

I. — Les âmes séparées sont en communication intellectuelle avec les purs esprits et avec les autres âmes séparées. — Mais, dans l'ordre naturel, elles ignorent ordinairement ce qui se fait sur la terre. — Elles connaissent les lois de l'univers physique, mais leur science est plus vague que celle des esprits purs. — Aucune intelligence créée ne peut voir naturellement l'essence de Dieu.

I. — L'âme séparée n'est point privée de ses puissances intellectuelles, entendement et volonté; elle les garde, non pas seulement comme virtuellement possibles, mais comme existant actuellement en elle-même: indépendantes de la matière, ces puissances ne se détachent pas

corps peut posséder : il y a donc lieu de penser que la même individualité marque en elle le principe des facultés corporelles, et par conséquent que ce sont les mêmes puissances individuelles que l'âme demeure capable de produire dans l'organisme, comme c'est le même corps individuel qu'elle est encore capable de former.

L'individu humain n'est plus, après la mort, dans son intégralité; mais, du moins, l'âme d'homme, qui ne meurt pas, emporte dans son immortalité, avec la même substance individuelle, la source des mêmes énergies, individuelles aussi, qu'elle communiquait et qu'elle peut communiquer de nouveau à la matière.

daptation d'individualité ; et elle doit la garder, en subsistant à part, comme un caractère gravé sur son fond même (1).

Or, cette substance de l'âme, telle qu'elle est depuis son incorporation, reste, en dehors de la matière, le principe des puissances que le

---

(1) Multitudo igitur animarum a corporibus separatarum consequitur quidem diversitatem formarum secundum substantiam, quia alia est substantia hujus animæ et illius ; non tamen ista diversitas procedit ex diversitate principiorum essentialium ipsius animæ, nec est secundum diversam rationem ipsius animæ, sed est secundum diversam commensurationem animarum ad corpora : hæc enim anima est commensurata huic corpori et non illi, illa autem alii, et sic de omnibus. Hujusmodi autem commensurationes remanent in animabus, etiam pereuntibus corporibus, sicut et ipsæ earum substantiæ manent, quasi a corporibus secundum esse non dependentes. Sunt enim animæ secundum substantias formæ corporum ; alias accidentaliter corpori unirentur, et sic ex anima et corpore non fieret unum per se, sed unum per accidens. Inquantum autem formæ sunt, oportet eas esse corporibus commensuratas. Unde patet quod ipsæ diversæ commensurationes manent in animabus separatis, et per consequens pluralitas (*C. Gent.*, lib. II, c. LXXXI).

position, puisque cette âme est essentiellement esprit fait pour une telle formation : donc, nous avons eu raison de dire que les puissances végétatives et sensitives existent virtuellement dans l'âme humaine, séparée du corps, bien qu'elles n'y puissent être actuelles.

Il serait intéressant de savoir quelle empreinte a pu laisser dans l'âme, après la mort, son union précédente avec la matière. Nous savons que c'est dans cette union qu'elle a pris son individualité; sa substance est devenue individuelle parce qu'elle a été adaptée à ce corps qu'elle animait, plutôt qu'à tout autre : il s'est fait ainsi dans l'âme ce que saint Thomas appelle une *commensuration* avec son corps, elle a été proportionnée à cet organisme, et, comme c'est dans son être qu'elle a acquis cette proportion particulière, elle l'a conservée dans son existence isolée. On ne peut prétendre, en effet, que cette individualité soit perdue, parce qu'elle ne serait qu'une relation accidentelle à une matière et à un corps, et qu'elle devrait disparaître en l'état d'immatérialité séparée. L'âme ne s'unit pas au corps accidentellement, mais substantiellement : c'est donc bien sa substance qui doit prendre l'a-

principe (1) ; lorsque l'âme se sépare du corps, elles n'ont plus qu'une existence virtuelle, dans le principe qui peut les faire naître encore, mais où elles ne sont plus actuellement.

Certainement l'âme humaine est tellement indépendante de la matière, que c'est son être propre et subsistant qui fait exister le corps et lui donne en commun avec elle-même les puissances de végéter et de sentir. Mais l'être de l'âme n'en est pas moins tout spirituel ; sa spiritualité et son indépendance sont le même caractère : et précisément parce qu'il est spirituel, il ne peut avoir en lui, sans le corps, des puissances dont la nature même est d'être dans l'organisme corporel. Cependant l'âme doit avoir dans son être séparé, actualité de son essence, tout ce qu'il faut pour former et le corps organisé et les puissances organiques, de concert avec la matière qui serait à sa dis-

---

(1) Potentiæ sensitivæ non sunt de essentia animæ, sed sunt proprietates naturales : compositi quidem ut subjecti, animæ vero ut principii (Q. disp. de Anima, a. 19, ad 1). — Hæ potentiæ quas dicimus actu in anima separata non manere, non sunt proprietates solius animæ, sed conjuncti (I, q. LXXVII, a. 8, ad 2).

cette expression ? Saint Thomas l'explique clairement : « Les puissances de ce genre, dit-il, sont dites rester dans l'âme séparée comme dans leur racine, non parce qu'elles sont actuellement en elle, mais parce que l'âme séparée est d'une telle vertu que, si elle est de nouveau unie au corps, elle peut encore causer ces puissances dans le corps, comme aussi la vie (1) ».

Toutes les puissances de l'âme sont bien des propriétés naturelles qui émanent de son essence; mais, en découlant de cette source, les unes se posent dans l'âme elle-même comme en un sujet, ce sont les intellectuelles, entendement et volonté; les autres s'établissent dans les organes qui leur sont destinés, ce sont les végétatives et les sensitives : celles-ci sont propriétés de l'organisme animé, comme de leur sujet, et propriétés de l'âme, comme de leur

---

(1) Hujusmodi potentiæ dicuntur in anima separata remanere ut in radice, non quia sint in actu in ipsa, sed quia anima separata est talis virtutis ut, si uniatur corpori, iterum potest causare has potentias in corpore, sicut et vitam (Q. disp. *de Anima*, a. 19, ad 2).

II. — Dans l'homme, comme dans tout animal, sentir, autant que végéter, est une opération de corps et d'âme; et par conséquent, une puissance sensitive, autant qu'une végétative, appartient au corps et à l'âme unis ensemble : dès qu'ils sont désunis, une telle puissance n'a plus où exister actuellement, elle périt; mais néanmoins, comme c'est l'essence de l'âme qui en était le principe, et que cette essence demeure, dans l'âme reste la racine de la puissance disparue. Que faut-il entendre par

in anima separata, principium investigationis oportet accipere ut consideremus quid sit subjectum potentiarum prædictarum... Manifestum est igitur quod nulla operatio partis sensitivæ potest esse animæ tantum ut operetur; sed est compositi per animam, sicut calefactio est calidi per calorem. Compositum igitur est videns et audiens et omnia sentiens, sed per animam : unde etiam compositum est potens videre et audire et sentire, sed per animam. Manifestum est ergo quod potentiæ partis sensitivæ sunt in composito sicut in subjecto; sed sunt ab anima sicut a principio. Destructo igitur corpore, destruuntur potentiæ sensitivæ, sed remanent in anima sicut in principio. Et hoc est quod alia opinio dicit, quod potentiæ sensitivæ manent in anima separata solum sicut in radice (Q. disp. *de Anima*, a. 19).

puissances telles aucune action ne peut être qu'au moyen d'un organe corporel (1) ».

Dans le *Traité de l'Ame*, la question est examinée particulièrement pour les puissances sensitives, mais la solution s'applique certainement aux puissances végétatives : car c'est parce que les puissances de sentir ont pour sujet le corps animé, le composé d'âme et de corps, et non pas l'âme seule, qu'elles ne peuvent se trouver dans l'âme séparée ; or, les puissances végétatives ont aussi le composé pour sujet ; donc, elles non plus ne sauraient être actuelles dans l'âme après la mort (2).

(1) Quædam vero potentiæ sunt in conjuncto sicut in subjecto ; sicut omnes potentiæ sensitivæ partis et nutritivæ. Destructo autem subjecto, non potest accidens remanere. Unde, corrupto conjuncto, non manent hujusmodi potentiæ actu, sed virtute tantum manent in anima, sicut in principio vel radice. Et sic falsum est, quod quidam dicunt, hujusmodi potentias in anima remanere, etiam corpore corrupto. Et multo falsius, quod dicunt, etiam actus harum potentiarum remanere in anima separata : quia talium potentiarum nulla est actio nisi per organum corporeum (I, q. LXXVII, a. 8).

(2) Ad investigandum igitur utrum potentiæ sensitivæ corrumpantur corrupto corpore, vel remaneant

Dans la *Somme théologique*, comme dans son *Traité de l'Ame*, saint Thomas soutient très fermement que les puissances communiquées au corps, celles de sentir autant que celles de végéter, ne restent pas actuelles dans l'âme séparée; mais que leur principe ou leur racine y demeure seulement.

« Certaines puissances, dit-il dans la *Somme théologique*, sont dans le composé comme dans leur sujet : il en est ainsi de toutes les puissances de la partie sensitive et nutritive. Or, le sujet détruit, un accident ne peut demeurer. Donc, le composé étant corrompu, des puissances de cette sorte ne demeurent pas actuellement, mais ne restent que virtuellement dans l'âme, comme dans leur principe ou leur racine. Et ainsi il est faux, bien que quelques-uns le disent, que des puissances de ce genre demeurent dans l'âme, même lorsque le corps est corrompu. Et beaucoup plus fausse encore est cette assertion, que même les actes de ces puissances restent dans l'âme séparée : car de

manent potentiæ sensitivæ actu, sed in radice tantum. Si autem actu maneant, non ideo frustra erunt, quamvis actibus careant : manent enim ad naturæ integritatem (*Quodlibet.* x, a. 8, ad 3).

seule, celle-ci ne peut pas plus imaginer ou apprécier sensiblement, qu'elle ne peut voir des couleurs ou entendre des sons.

Mais, du moins, les puissances sensitives et végétatives, puisqu'elles sont vraiment des puissances de l'âme, découlant de son essence même comme des propriétés naturelles (1), ne doivent-elles pas demeurer dans son fond immortel, à l'état de capacités pures, n'opérant pas, mais existant à titre de puissances nues, auxquelles manquent les conditions de leur opération ?

Il semble que l'opinion n'ait pas été unanime, du temps de saint Thomas, sur cette question. « Selon quelques-uns, dit-il dans un de ses *Quodlibeta*, dans l'âme séparée les puissances sensitives ne restent pas actuellement, mais seulement en racine. Si toutefois elles restent actuellement, elles ne seront pas inutilement pour cela, bien qu'elles soient privées de leurs actes : car elles demeurent pour l'intégrité de la nature (2) ».

(1) Potentiæ animæ non sunt de essentia animæ, sed sunt proprietates naturales quæ fluunt ab essentia ejus (Q. disp. *de Anima*, a. 19).

(2) Secundum quosdam, in anima separata non

pendantes du corps ? Que sont devenus et les sens et les appétits sensibles ? L'âme, toute seule, peut-elle encore voir, ouïr, sentir des parfums, goûter, toucher ? A-t-elle encore quelque imagination, quelque mémoire sensible, quelque passion ?

Évidemment toutes les puissances qui n'agissent qu'avec le corps, facultés de sentir autant que facultés de végéter, ne peuvent plus avoir aucune opération : puisque l'organisme indispensable à leur exercice fait défaut, aucun acte de leur compétence ne peut être produit. Ce serait une erreur de croire qu'il peut y avoir une exception à cette impossibilité pour les actes de connaissance qui, tout sensibles qu'ils soient, approchent cependant de la connaissance intellectuelle, pour les représentations de l'imagination, par exemple, et les jugements de l'appréciation sensible. Il faut quelque organe corporel pour ces actes comme pour tous les autres de la vie sensitive ; sans le corps, ils ne peuvent émaner de l'âme (1) :

(1) Nihil sentit sine corpore, quia actio sentiendi non potest procedere ab anima nisi per organum corporale (I, q. LXXVII, a. 5, ad 3).

La personne humaine ne subsiste pas dans son intégrité, en cet état où l'âme n'a pas de corps ; il n'en reste que la partie principale, et cela n'est pas un homme, mais seulement une âme d'homme. C'est de la substance, sans doute, mais substance partielle, incomplète, fragment le plus beau et le plus important de ce que nous sommes, fragment néanmoins, et non pas sujet total (1). Soutenir qu'une âme sans corps, c'est encore un homme, ce serait méconnaître notre nature, essentiellement composée d'esprit et de matière.

Et que reste-t-il, en cet esprit maintenant sans corps, des puissances naturellement dé-

---

sum. Et sicut corpus leve manet quidem leve, quum a loco proprio fuerit separatum, cum aptitudine tamen et inclinatione ad proprium locum ; ita anima humana manet in suo esse, quum fuerit a corpore separata, habens aptitudinem et inclinationem naturalem ad corporis unionem (I, q. LXXVI, a. 1, ad 6).

(1) Non quælibet substantia particularis est hypostasis vel persona, sed quæ habet completam naturam speciei. Unde manus vel pes non potest dici hypostasis vel persona; et similiter nec anima, quum sit pars speciei humanæ (I, q. LXXV, a. 4, ad 2).

à l'égard du principe qui lui donnait la vie (1).

L'âme, en se retirant, conserve tout son être, l'être qui lui appartient en propre, et qu'elle communiquait à la matière corporelle, dans la mesure où celle-ci pouvait y participer.

Cet être d'âme n'est point, rappelons-le, de l'être corporel, bien que communicable à la matière ; mais c'est un principe d'être corporel. Car l'âme n'est pas corps, elle est toujours radicalement spirituelle ; mais elle est née pour former un corps et a, par son essence même, une adaptation à cette destinée. Donc, séparée, elle a encore capacité d'être unie à la matière, et tendance à s'y unir : elle a une inclination profondément naturelle à cette union nécessaire à son complet épanouissement (2).

(1) Forma sicut non advenit materiæ nisi sit facta propria per debitas dispositiones, ita cessantibus propriis dispositionibus forma in materia remanere non potest ; et hoc modo unio animæ ad corpus solvitur remoto calore et humiditate naturali et aliis hujusmodi, inquantum his disponitur corpus ad susceptionem animæ (Q. disp. *de Anima*, a. 9, ad 16).

(2) Secundum se convenit animæ corpori uniri, sicut secundum se convenit corpori levi esse sur-

I

L'ÉNERGIE CORPORELLE DE L'AME

I. — L'âme séparée conserve la capacité d'être forme d'un corps et une inclination naturelle à s'unir à la matière. — Les puissances organiques ne sont plus dans l'âme séparée, ni comme puissances opérantes, ni même comme pures puissances.

II. — Dans l'âme séparée, reste la racine des puissances organiques. — L'âme garde, après la mort, une adaptation individuelle au corps qu'elle formait.

I. — Il faut, pour l'union de l'âme et du corps, que celui-ci soit convenablement disposé. Une préparation suffisante de l'organisme corporel, dans la génération, avait amené l'incarnation d'une âme humaine pour parfaire ce perfectible ; un trouble grave des fonctions organiques, une certaine désorganisation par maladie ou faiblesse forcent l'âme à quitter le corps, maintenant disproportionné

serait pour chacun de nous l'immortalité ? Si je ne survis pas tout entier, du moins ai-je intérêt à savoir si ce qui survivra de moi conservera le caractère de mon individualité et sera encore capable de quelques-unes au moins des opérations qui me sont naturelles, surtout de celles qui donnent à mon existence sa principale valeur.

Le problème est difficile ; car nous n'avons aucune expérience d'une vie tout à fait séparée du corps, et ce n'est que par raisonnement ou même par conjecture qu'il nous est possible de nous en faire quelque idée.

Saint Thomas a tenté cette entreprise : examinons les conclusions auxquelles il est parvenu.

L'âme est forme du corps et principe de puissances liées au corps : à ce premier point de vue, que devient-elle, quand son union avec le corps est rompue ?

L'âme est principe de puissances intellectuelles, entendement et volonté, dont les opérations ont pour auxiliaires celles des facultés attachées à l'organisme : comment pourra-t-elle penser et vouloir, totalement privée de ce secours ?

L'AME SÉPARÉE DU CORPS

INTRODUCTION

L'âme humaine, à cause de sa spiritualité et de son immortalité, étant séparable du corps, en quel état se trouve-t-elle après que la mort l'en a séparée ? Il y a lieu d'examiner ce qu'elle devient, d'abord en tant que forme du corps et principe des puissances organiques, puis comme principe et sujet des puissances intellectuelles.

Faite pour animer un corps organisé tout exprès pour la servir et l'aider, l'âme humaine en est cependant séparable, et la mort l'en sépare.

Nous ne pouvons clore nos études sur la nature humaine sans essayer de nous rendre compte de ce que peut être l'état de l'âme séparée de son corps. Si elle n'était plus la même, ainsi isolée, ou si elle ne pouvait vivre et agir dans cet isolement, de quelle utilité

X

L'AME SÉPARÉE DU CORPS

GÉNÉRATION DE L'ÊTRE INDIVIDUEL

Si, donc, ni l'intelligence ni la volonté ne viennent directement des parents, puisqu'elles ne peuvent être produites par la génération corporelle et doivent être apportées intégralement par l'âme qui vient de Dieu, néanmoins, par une concordance naturelle, elles peuvent prendre dans l'enfant une mesure héréditaire et porter la marque de ses générateurs, comme tout ce qui constitue son individualité.

melius dispositum, tanto meliorem sortitur animam; quod manifeste apparet in his quæ sunt secundum speciem diversa; cujus ratio est quia actus et forma recipitur in materia secundum materiæ capacitatem; unde, quum etiam in hominibus quidam habeant corpus melius dispositum, sortiuntur animam majoris virtutis in intelligendo; unde dicitur in II *de Anima* quod molles carne bene aptos mente videmus (I, q. LXXXV, a. 7).

défectueuses. C'est ainsi que les qualités engendrées au début s'imposent, avec leur degré de perfection ou d'imperfection, à la constitution définitive de l'enfant et ont leur influence sur les opérations mêmes de son intelligence et de sa volonté (1).

En outre, malgré l'égalité essentielle des âmes, on peut admettre que les énergies de l'ordre intellectuel se proportionnent aux dispositions du corps vivant et sentant qui individualise l'âme humaine. De même que, dans la série totale des êtres animés, les corps spécifiquement plus parfaits ont naturellement des âmes d'espèce meilleure ; de même, dans les formations individuelles, une chair et un organisme mieux préparés obtiennent une âme plus vigoureuse même du côté de ses pouvoirs incorporels. C'est encore une application de la loi d'harmonie qui règle tous les rapports de la nature (2).

(1) Contingit hoc ex parte inferiorum virtutum, quibus intellectus indiget ad sui operationem : illi enim in quibus virtus imaginativa et memorativa est melius disposita, sunt melius dispositi ad intelligendum (I, q. LXXXV, a. 7).

(2) Manifestum est enim quod, quanto corpus est

dans la constitution plus ou moins parfaite des facultés individuelles. Si toutes les âmes d'hommes sont égales par leur espèce, et si c'est Dieu qui crée une âme d'homme à la fin de la génération, comment la vertu génératrice et l'hérédité peuvent-elles avoir de l'influence sur les capacités de l'homme individuel?

D'abord, les puissances sensitives sont toutes dépendantes de leurs organes, qui sont constitués avec plus ou moins de perfection par le travail générateur : de là, pour toutes ces puissances, plus ou moins d'énergie originelle ; de là, aussi, plus ou moins de facilité et d'excellence dans l'exercice de l'entendement et de la volonté, parce que ces facultés supérieures emploient les sens à leur service, et que les passions sensibles même peuvent aider leur action ou l'entraver et l'affaiblir. Sans doute, l'âme créée par Dieu est, dès son arrivée dans le corps, le principe unique et de toute la formation corporelle et de toutes les activités de l'être ; mais les dispositions qui ont précédé sa venue, se continuent dans ce corps que désormais l'âme intelligente forme seule ; celle-ci doit les prendre, se les approprier, heureuse de s'en servir si elles sont bonnes, forcée de les subir si elles sont

ligente, créée à la fin par Dieu dans un corps qui aurait successivement acquis et garderait constamment les énergies de végétation et de sensibilité.

Cette hypothèse est réfutée d'avance par ce que nous avons établi sur l'unité de l'homme : l'être ainsi engendré, en effet, serait un corps où des forces subalternes seraient associées à un esprit, ou, si l'on veut, un esprit allié à un corps où résideraient ces forces; il ne serait pas absolument un, de l'unité substantielle; car le principe de la pensée ne serait pas le même, en lui, que les principes de la sensibilité et de la végétation.

Comment la génération progressive, telle que nous l'avons exposée, peut-elle expliquer les différences natives que présentent les facultés selon les individus? Tel enfant, par exemple, paraît avoir plus d'aptitude naturelle qu'un autre à l'exercice, non seulement des sens externes, vue, ouïe, odorat, goût, toucher, ou des sens internes, sens centralisateur, imagination, appréciation sensible, mémoire, mais même des puissances tout incorporelles, intelligence proprement dite et volonté. L'hérédité semble bien avoir joué un rôle important

tout ce qui est intellectuel : hypothèse contradictoire ; c'est de l'intellectualité qu'il s'agit de donner à l'âme ; et cela ne peut être asservi à la matière et mortel (1).

N'y aurait-il pas, cependant, moyen de conserver, dans la génération, l'arrivée de la vie sensitive après la vie purement végétative, et de la vie intellectuelle après les deux autres, sans être obligé d'accepter la disparition successive de deux âmes pour laisser la place libre à l'âme humaine ? Si les deux premières vitalités n'étaient que des forces inférieures qui ne dussent pas être attribuées à l'âme humaine, elles pourraient rester à côté d'elle, lui servir même d'instruments et d'auxiliaires ; elles n'auraient pas à disparaître à sa venue. La véritable âme de l'enfant, ce serait l'âme intel-

---

(1) Aut id quod causatur ex actione Dei, est aliquid subsistens : et ita oportet quod sit aliud per essentiam a forma præexistente, quæ non erat subsistens ; et sic redibit opinio ponentium plures animas in corpore. Aut non est aliquid subsistens, sed quædam perfectio animæ præexistentis : et sic ex necessitate sequitur quod anima intellectiva corrumpatur, corrupto corpore ; quod est impossibile (I, q. CXVIII, a. 2, ad 2).

finale en recourant à la toute-puissance divine, qui, par une illumination supérieure, élèverait l'âme sensitive à la dignité d'âme raisonnable. On interpréterait ainsi la parole d'Aristote que nous avons déjà citée en traitant de l'origine de l'âme humaine : « L'intellect seul arrive du dehors et seul il est divin (1) ».

Mais cet expédient résout mal le problème. Si ce que Dieu donne est subsistant, ce ne peut être un simple perfectionnement d'une âme sensitive, essentiellement non subsistante ; il faut que ce soit une essence à part : et alors, ce sera en réalité un principe substantiellement différent de l'âme précédente, une autre âme, en un mot ; il y aura donc deux âmes dans le même vivant, ce qui est, nous le savons, inadmissible. Si ce don de Dieu n'est pas subsistant, ce sera quelque chose dépendant de la matière, donc périssable, et par conséquent dénué de la prérogative essentielle de

(1) Neque etiam dici potest, quod quidam dicunt..., eamdem animam fieri rationalem, non quidem per actionem virtutis seminis, sed ex influxu exterioris agentis; propter quod suspicantur Aristotelem dixisse (*de Generat. animal.*) intellectum ab extrinseco esse (*C. Gent.*, lib. II, c. LXXXIX).

elle ne tient pas compte de l'invariabilité des essences. Les formes de substances, les âmes par conséquent, ne peuvent, ni par addition, ni par soustraction, passer d'une espèce à une autre ; pour qu'il y ait un changement de nature, il faut qu'une autre forme remplace la précédente par substitution, et non par acquisition de nouveaux caractères spécifiques (1). Si une âme végétative ne peut acquérir la sensibilité, que son essence ne comportait pas, encore moins l'intellectualité, qui ne peut être que dans une substance spirituelle, viendra-t-elle s'ajouter à une âme qui, d'abord, était dépendante de la matière comme toute forme sans intelligence ?

Peut-être essaiera-t-on de lever la difficulté

---

(1) Alii dicunt quod illa eadem anima quæ primo fuit vegetativa tantum, postmodum, per actionem virtutis quæ est in semine, perducitur ad hoc ut ipsa eadem fiat sensitiva, et tandem ad hoc ut ipsa eadem fiat intellectiva.. Sed hoc stare non potest : primo quidem quia nulla forma substantialis recipit magis et minus ; sed superadditio majoris perfectionis facit aliam speciem, sicut additio unitatis facit aliam speciem in numeris ; non est autem possibile ut una et eadem forma numero sit diversarum specierum (I, q. cxviii, a. 2, ad 2).

avant l'arrivée de l'âme humaine ne serait donc pas un homicide ? Suffira-t-il donc de s'y prendre à temps pour se débarrasser sans crime d'une maternité gênante ?

Non certes : si l'engendré n'a pas encore la nature d'homme complète, il est en voie d'y parvenir ; interrompre volontairement ce progrès naturel, c'est violer avec intention la loi grave de la propagation de l'espèce, c'est briser une vie en train de se faire humaine, c'est un crime d'homicide par anticipation.

Pour être dispensé d'admettre la succession des âmes dans la génération, et surtout la disparition de principes de vie préparatoires, plusieurs hypothèses ont été imaginées.

Ne serait-il pas plus simple de supposer que la même âme, d'abord seulement végétative, devient, par un perfectionnement naturel, en outre sensitive, enfin aussi raisonnable ? Ce serait alors le même vivant qui grandirait dans l'ordre des animations ; la génération serait une évolution constante, sans aucune destruction, sans que des corruptions malséantes eussent à déparer l'augmentation progressive de la vie.

Cette explication a un défaut irrémédiable :

les principes, ne sont successivement engendrées que comme des préparations à la vie définitive de l'être humain ; elles ne sont pas encore l'homme, mais des acheminements à l'homme : n'étant pas faites pour demeurer, il est naturel qu'elles n'aient pas entièrement les caractères de l'espèce (1). Ce n'est certes pas une déchéance, mais plutôt une dignité, pour l'âme dernière, la forme vraiment spécifique, que sa venue ait été préparée par des formations transitoires, où s'est fait un corps approprié à la recevoir. Et c'est précisément parce que ces animations passagères ne sont que des moyens d'obtenir l'animation finale par le principe intelligent, que l'ensemble de ce travail n'est qu'une seule génération, une œuvre unique, en ses diverses péripéties.

On s'effraiera peut-être des conséquences que semble avoir cette théorie au point de vue de la morale. La mort donnée à l'engendré

---

(1) Nec est inconveniens si aliquid intermediorum generatur et statim postmodum interrumpitur, quia intermedia non habent speciem completam, sed sunt ut via ad speciem ; et ideo non generantur ut permaneant, sed ut per ea ad ultimum generatum perveniatur (*C. Gent.*, lib. II, c. LXXXIX).

grès plus avancé pour que l'âme intelligente soit appelée à s'y incarner. Tout est harmonieux dans l'ordre naturel ; aussi doit-il y avoir proportion entre les dispositions préliminaires de la matière et les formes qui la perfectionnent (1). Il est certain que le corps engendré devient successivement de mieux en mieux adapté à la vie : il est donc rationnel de penser qu'il reçoit successivement les âmes de plus en plus parfaites auxquelles son développement le dispose.

Mais ne répugne-t-il pas que l'homme, qui par essence est un animal raisonnable, soit, aux débuts de son existence, d'abord simple plante, puis animal sans raison ? Si l'on veut de l'harmonie partout, ne voit-on pas qu'on suppose à l'origine une discordance absolument choquante ?

L'objection se trompe dans son insistance : les vies inférieures, avec les âmes qui en sont

---

(1) In via autem generationis, dispositiones ad formam præcedunt formam in materia, quamvis sint posteriores in essendo : unde et dispositiones corporis, quibus fit proprium perfectibile talis formæ, hoc modo possunt dici mediæ inter animam et corpus (*C. Gent.*, lib. II, c. LXXI.)

C'est l'âme raisonnable, dira-t-on, qui doit préparer elle-même tout son corps et former elle seule, dès le commencement, l'enfant tout entier : elle en est capable, surtout si, avec saint Thomas, on la suppose apte à constituer avec la matière toute la substance humaine et à fournir toutes les activités de l'homme. Pourquoi avoir recours à cette suite de corruptions et de remplacements, dans une philosophie où le rôle de l'âme est si complet, où l'unité de l'être est si énergiquement revendiquée, si fortement sauvegardée par l'unité du principe d'animation ?

Il est aisé de répondre que, l'âme étant l'acte premier d'un corps organique, il faut un certain commencement d'organisation dans la matière corporelle pour que celle-ci soit susceptible d'avoir une âme (1); et que, de même, il faut un certain progrès effectué dans l'organisation pour qu'une âme sensitive ait convenance à se trouver dans le corps, et un pro-

---

(1) Quum anima sit actus corporis organici, ante qualemcumque organisationem corpus susceptivum animæ esse non potest (Q. disp. *de Potentia*, q. III, a. 12).

l'exercice de l'entendement et de la volonté (1).

II. — Cette théorie de la succession des âmes, dans la génération humaine, ne sera peut-être pas facilement acceptée aujourd'hui : elle rencontrera, je le crains, plusieurs objections.

(1) In actibus autem formarum, gradus quidam inveniuntur. Nam materia prima est in potentia primum ad formam elementi ; sub forma vero elementi existens, est in potentia ad formam mixti, propter quod elementa sunt materia mixti ; sub forma autem mixti considerata, est in potentia ad animam vegetabilem, nam talis corporis anima actus est. Itemque anima vegetabilis est in potentia ad sensitivam, sensitiva vero ad intellectivam ; quod processus generationis ostendit : primo enim in generatione est fœtus vivens vita plantæ, postmodum vero vita animalis, demum vero vita hominis. Post hanc autem formam non invenitur in generabilibus et corruptibilibus posterior forma et dignior. Ultimus igitur generationis totius gradus est anima humana, et in hanc tendit materia sicut in ultimam formam. Sunt ergo elementa propter corpora mixta, hæc vero propter viventia, in quibus plantæ sunt propter animalia, animalia propter hominem : homo enim est finis totius generationis (*C. Gent.*, lib. III, c. XXII).

de substance qui, en la formant, reste néanmoins un esprit, une âme spirituelle, intelligente, immortelle. Le petit être qui deviendra un homme est ainsi, d'abord, comme un végétal; il vit comme une plante, et n'a au début qu'une âme de plante; mais voici qu'il se perfectionne et devient animal avec une âme capable, non seulement de végéter, mais aussi de sentir; enfin il atteint l'espèce dernière qui lui est destinée, il est fait homme commencé par le don divin d'une âme intellective, en même temps que douée des puissances inférieures; et de là va se déployer cette existence humaine, où se sont donné rendez-vous et la matière et toutes les sortes de formes qu'elle peut recevoir. De même, aussi, que dans l'ensemble des êtres les corps élémentaires sont pour les composés, les non vivants pour les vivants, les plantes pour les animaux, les animaux et les plantes pour l'homme, de même l'homme, en sa propre constitution, trouvera dans ses forces physiques un instrument d'action pour sa vie végétative, celle-ci sera au service de sa vie animale, et les deux s'uniront pour donner leur concours, dans la mesure où il est utile et même nécessaire, à

tion de l'enfant, a précédé le plus parfait, précisément parce que le moins parfait doit, dans l'harmonie définitive, servir de base et de soutien au plus parfait (1).

Le développement de la vie embryonnaire est une image, ou plutôt un exemple abrégé, de l'évolution générale de la nature : on y peut voir à l'œuvre la tendance de la matière à se substantialiser par l'acquisition de formes de plus en plus nobles. La formation inorganique, même plus riche que dans les corps simples, ne lui suffit pas ; elle demande la vitalité, et d'abord celle de la plante ; mais, quand elle la possède, elle désire davantage, elle aspire à l'animalité ; et ce n'est pas encore assez : elle ambitionne tout ce qu'elle est susceptible de porter, et ne s'arrête, dans son appétit du meilleur, que lorsqu'elle a obtenu un principe

---

(1) Sed secundum viam susceptivi principii, e converso potentiæ imperfectiores inveniuntur principia respectu aliarum ; sicut anima, secundum quod habet potentiam sensitivam, consideratur sicut subjectum et materiale quoddam respectu intellectus. Et propter hoc imperfectiores potentiæ sunt priores in via generationis ; prius enim animal generatur quam homo (I, q. LXXVII, a. 7).

Les constructions et les énergies inférieures sur lesquelles doivent s'appuyer les facultés éminentes de l'homme, s'édifient et s'établissent ainsi, au moins d'une façon initiale, avant l'arrivée de l'âme intelligente ; et celle-ci prend entièrement possession de l'édifice commencé, le complète et le couronne. Quand elle est là, c'est elle qui fait tout, et le corps, et les puissances de végétation, et celles de sensibilité, et l'intelligence avec la volonté ; mais, alors même, les vies subalternes, dont elle est le principe autant que de la vie intellectuelle, sont comme le support de ses puissances incorporelles, et le moins parfait, dans la généra-

paretur ad Deum sicut instrumentum ad primum et principale agens, nihil prohibet, in uno et eodem generato quod est homo, actionem naturæ ad aliquid hominis terminari, et non ad totum quod fit actione Dei. Corpus igitur hominis formatur simul et virtute Dei quasi principalis agentis et primi, et etiam virtute seminis quasi agentis secundi ; sed actio Dei producit animam humanam, quam virtus seminis producere non potest, sed disponit ad eam... Sic enim homo sibi simile in specie generat, inquantum virtus seminis ejus dispositive operatur ad ultimam formam, ex qua homo speciem sortitur (*C. Gent.*, lib. II, c. LXXXIX).

que cette création d'âme est sollicitée par l'organisme convenablement préparé ; et cela suffit pour que l'enfant soit bien le fils de son père et de sa mère : mais le principe de vie définitif, dans cette génération, est trop immatériel pour qu'une évolution corporelle le produise ; il y faut l'immédiate intervention de Celui qui de rien peut faire un esprit. En se rendant à l'appel de la nature, Dieu n'obéit qu'à lui-même, puisque c'est lui qui a fait la loi à laquelle il se soumet, et, comme il mène tout, même l'action des forces naturelles, on peut dire que c'est lui qui conduit le cours de la génération jusqu'au point où une création est nécessaire pour achever l'œuvre, et qu'il fait tout disposer convenablement par les causes secondes pour que son intervention souveraine soit dignement préparée (1).

igitur vegetabilis, quæ primo inest quum embryo vivit vita plantæ, corrumpitur, et succedit anima perfectior quæ est nutritiva et sensitiva simul, et tunc embryo vivit vita animalis ; hac autem corrupta, succedit anima rationalis ab extrinseco immissa, licet præcedentes fuerint virtute seminis (*C. Gent.*, lib. II, c. LXXXIX).

(1) Quum igitur omnis virtus naturæ activa com-

mettre qu'une âme simplement végétative vient avant une âme animale, et que la première disparaît quand la seconde arrive. Mais, puisque c'est un être humain qui doit être engendré, il faut qu'à un certain moment une âme d'homme, un principe de vie intellectuelle, succède au principe de vie animale, le remplace et reste la seule âme de l'enfant. C'est le progrès de la génération qui, lorsque tout est suffisamment disposé, appelle cette âme humaine; mais, nous le savons, c'est Dieu nécessairement qui la crée, qui lui donne, par un acte de sa toute-puissance productrice, l'existence qu'elle communique au corps en le vivifiant à son tour (1). C'est selon une loi naturelle

(1) Quum generatio unius semper sit corruptio alterius, necesse est dicere quod tam in homine quam in animalibus aliis, quando perfectior forma advenit, fit corruptio prioris ; ita tamen quod sequens forma habet quidquid habebat primæ, et adhuc amplius : et sic per multas generationes et corruptiones pervenitur ad ultimam formam substantialem tam in homine quam in aliis animalibus... Sic igitur dicendum est quod anima intellectiva creatur a Deo in fine generationis humanæ, quæ simul est et sensitiva et nutritiva, corruptis formis præexistentibus (I, q. cxviii, a. 2, ad 2). — Anima

à l'existence par le mouvement progressif de la génération ; mais, une fois posée dans le corps, c'est par elle que le développement de l'organisme se continue au moyen de la nutrition et de la croissance (1).

La génération de l'homme offre les mêmes phénomènes que celle de l'animal : pour lui aussi, la vie végétative doit précéder et préparer la vie sensitive, et les mêmes raisons de proportion et de suffisance doivent faire ad-

(1) In animalibus perfectis, quæ generantur ex coitu, virtus activa est in semine maris, secundum Philosophum in lib. I *de Generat. animal.* c. II et xx ; materia autem fœtus est illud quod ministratur a femina : in qua quidem materia statim a principio est anima vegetabilis, non quidem secundum actum secundum, sed secundum actum primum, sicut anima sensitiva est in dormientibus ; quum autem incipit attrahere alimentum, tum jam actu operatur. Hujusmodi igitur materia transmutatur a virtute quæ est in semine maris, quousque perducatur in actum animæ sensitivæ... Postquam autem, per virtutem principii activi quod erat in semine, producta est anima sensitiva in generato quantum ad aliquam partem principalem, tum jam illa anima sensitiva prolis incipit operari ad complementum proprii corporis per modum nutritionis et augmenti (I, q. CXVIII, a. 1, ad 4).

dans le corps de l'animal engendré (1). Mais ce dernier principe d'une double vie arrive-t-il dès la première animation de ce corps ? Saint Thomas ne le pense pas : ce qui est engendré au début, lui paraît trop peu organisé pour être proportionné à une âme sensitive. Ce produit initial est, peut-on dire, déjà vivant, mais par une âme simplement végétative, qui même semble d'abord comme endormie et ne s'éveille qu'au moment où commence une véritable nutrition. Le travail de formation se poursuit, toujours sous l'influence de la première vertu génératrice : peu à peu le corps acquiert quelques organes qui dénotent une vie supérieure à la pure végétation ; alors la première âme ne suffit plus, une âme sensitive a dû intervenir, et, comme deux âmes ne peuvent être ensemble dans un même vivant, il faut que l'âme primitive ait cédé la place à une seconde, plus parfaite, qui restera l'âme définitive de l'animal et sera capable, à elle seule, et de végéter et de sentir. Celle-ci a été appelée

(1) Anima non est in semine, sed virtus quædam animæ, quæ agit ad animam producendam, ab anima derivata (Q. disp. *de Potentia*, q. III, a. 12).

de végétation, d'une plante à une autre. Cette transmission se fait le plus souvent par une semence, qui, peut-être sans avoir elle-même la vie en acte, sans posséder d'abord une âme végétative, est néanmoins tout imprégnée d'une vertu génératrice, dérivée de la plante qui a produit cette semence (1).

Pour les animaux, la reproduction doit transmettre, non seulement la vie végétative, mais la vie de sensation : il faut donc que l'énergie génératrice soit plus puissante, et cependant elle reste attachée à quelque chose de matériel pour l'animalité sans raison comme pour la nature végétale, car l'intellectualité seule est indépendante de la matière (2). Cette vertu reproductrice, causée par l'âme de l'animal générateur, est la force constante qui amènera l'âme à la fois sensitive et végétative

---

(1) Licet semen non sit animatum actu, est tamen animatum virtute ; unde non est simpliciter inanimatum (Q. disp. *de Potentia*, q. III, a. 12, ad 11).

(2) Hoc interest inter animam rationalem et alias animas, quod anima rationalis non est ex virtute seminis sicut aliæ animæ ; quamvis nulla anima sit in semine a principio (Q. disp. *de Potentia*, q. III, a. 12, ad 2).

II

GÉNÉRATION DE L'ÊTRE INDIVIDUEL

I. — Dans le règne végétal, la semence transmet la vertu génératrice de la plante pour former une plante semblable. — Dans la génération des animaux sans raison, un certain principe de vie végétative précède l'âme sensitive, et celle-ci remplace la première âme. — Dans la génération de l'homme, une âme sensitive succède aussi à une âme végétative qu'elle remplace, et l'âme humaine arrive ensuite pour remplacer les deux âmes précédentes et compléter l'être individuel.

II. — Réfutation de quelques objections contre la théorie de la succession des âmes dans la génération. — Défauts de plusieurs autres solutions du problème dont il s'agit. — Explication de l'hérédité des dispositions individuelles.

I. — Plus la nature d'un vivant corporel est complexe, plus compliqué est le problème de la génération individuelle de cet être vivant.

Dans le règne végétal, la vie est transmise, par divers procédés, mais seulement au degré

Mais à quel moment, dans la génération, l'âme spirituelle prend-elle possession de son corps, à quel instant est-elle créée dans une matière corporelle dont elle se saisit pour constituer un être humain? Il nous reste à le rechercher.

donc, qui crée les choses dans leur intégrité, car il est sage, ne crée point l'âme sans un corps où elle s'incarne. Saint Thomas a eu le coup d'œil juste sur ce point: « Il n'eût pas été convenable, dit-il, que Dieu commençât son ouvrage par des objets imparfaits et par ce qui est en dehors de la nature ; et en effet, il n'a pas fait l'homme sans main ou sans pied, la main et le pied étant des parties naturelles de l'homme: encore bien moins, donc, a-t-il fait l'âme sans le corps... Pour éviter des hypothèses inconvenantes, il faut reconnaître que les âmes ne sont pas créées avant les corps, mais sont créées à l'instant même où elles sont incorporées (1). »

speciei esse quidquid est communiter de substantia omnium individuorum sub specie contentorum (I, q. LXXV, a 4).

(1) Non fuit autem conveniens ut Deus ab imperfectis suum opus inchoaret et ab his quæ sunt præter naturam ; non enim fecit hominem sine manu aut sine pede, quæ sunt partes naturales hominis; multo igitur minus fecit animam sine corpore... Unde, quum hæc omnia sint inconvenientia, simpliciter confitendum est quod animæ non sunt creatæ ante corpora; sed simul creantur, quum corporibus infunduntur (I, q. CXVIII, a. 3).

mais cette vie séparée n'est pas celle qui naturellement lui convient : elle peut la subir accidentellement, comme une conséquence de la mortalité du corps auquel elle était unie ; mais sa destinée normale est de vivre dans un corps dont elle forme la substance même. L'hypothèse d'une existence de l'âme antérieure à son incorporation serait peut-être tolérable dans la théorie platonicienne, où l'âme est tout l'essentiel de l'homme, le corps n'étant que l'instrument dont elle se sert, presque le vêtement dans lequel elle s'enveloppe, ou même la prison où elle regrette d'être enfermée pour un temps. Mais cette théorie est illusoire ; le corps est, comme l'âme, partie essentielle de la nature humaine ; l'homme est un composé des deux, et cet homme individuel est un composé de cette âme et de ce corps (1). Dieu,

solo ex hoc quod ad aliud numero corpus habitudinem habet ; et sic individuantur animæ humanæ... secundum corpora, non quasi individuatione a corporibus causata (*C. Gent*, lib. II, c. lxxv).

(1) Sicut enim de ratione hujus hominis est quod sit ex hac anima et his carnibus et his ossibus, ita de ratione hominis est quod sit ex anima et carnibus et ossibus ; oportet enim de substantia

Chaque âme est tellement appropriée à son corps, qu'on ne peut la supposer créée dans un état de séparation : ce serait une sorte de contradiction dans l'œuvre divine. Sans doute, l'âme humaine peut exister seule, à la rigueur ;

unitatem, unumquodque ex sua causa. Si igitur esse unius dependeat ab altero, unitas vel multiplicatio ejus etiam ex illo dependet; alioquin, ex alia causa extrinseca. Formam igitur et materiam semper oportet esse ad invicem proportionata et quasi naturaliter coaptata, quia proprius actus in propria materia fit : unde semper oportet quod materia et forma consequantur se invicem in multitudine et unitate. Si igitur esse formæ dependet a materia, multiplicatio ipsius a materia dependet, et similiter unitas; si autem non, erit quidem necessarium multiplicari formam secundum multiplicationem materiæ, id est simul cum materia et secundum proportionem ipsius; non autem ita quod dependeat unitas vel multitudo ipsius formæ a materia. Ostensum est autem, c. LXVIII, quod anima humana est forma secundum suum esse a materia non dependens. Unde sequitur quod multiplicantur quidem animæ secundum quod multiplicantur corpora ; non tamen multiplicatio corporum erit causa multiplicationis animarum (*C. Gent.*, lib. II, c. LXXXI). — Sicut enim animæ humanæ secundum suam speciem competit quod tali corpori secundum speciem uniatur, ita hæc anima differt ab illa numero

Il n'en est rien cependant. L'individualité est un caractère que prend l'être de l'âme, sans que son essence soit altérée: individualisée, l'âme ne cesse pas d'être spirituelle, foncièrement indépendante de la matière. La singularité qu'elle acquiert, fixe sa nature, mais ne la change pas: la même nature peut se trouver en plusieurs âmes singulières, parce que plusieurs corps d'hommes peuvent être animés; et, si chaque corps veut son âme, c'est une âme d'homme que chacun veut. A vrai dire, la multiplication des corps n'est pas comme une cause efficiente qui agirait directement sur les âmes pour les multiplier; il ne faut pas, non plus, se représenter chaque corps comme s'emparant de l'âme et la réduisant à sa mesure, la rétrécissant pour la configurer à sa taille. C'est plutôt par suite d'une loi d'harmonie et de concordance que la multiplication des âmes est proportionnée à la multiplication des corps, et qu'à chaque corps est appliquée une âme, qui devient individuelle par cette application, en conservant intacte sa spiritualité (1).

(1) Quæcumque oportet esse invicem coaptata et proportionata, simul recipiunt multitudinem vel

corps, et acquiert cette adaptation individuelle par le fait même de son incorporation (1). Dès l'instant où un homme entier est formé, son âme est marquée par une individualité particulière; elle est celle-ci et se distingue de celle-là.

Mais n'est-ce pas en quelque sorte matérialiser l'âme spirituelle, que de l'assujettir à se mouler ainsi sur son corps ? Il semble que ce soit lui imposer une dépendance à l'égard de la matière, et amoindrir par conséquent, sinon annuler, sa spiritualité, qui doit être une indépendance absolue.

(1) Animæ enim humanæ non differunt specie ab invicem, sed numero solo; alioquin et homines specie differrent. Differentia autem secundum numerum inest secundum principia materialia. Oportet igitur diversitatem animarum humanarum secundum aliquid materiale sumi; non autem ita quod ipsius animæ sit materia pars; ostensum est enim supra, c. L, quod est substantia intellectualis, et quod nulla talis substantia materiam habet. Relinquitur ergo quod secundum ordinem ad diversas materias quibus animæ uniuntur, diversitas et pluralitas animarum sumatur, eo modo quo supra dictum est. Si igitur sunt diversa corpora, necesse est quod habeant diversas animas sibi unitas; non igitur una pluribus unitur (*C. Gent.*, lib. II, c. LXXXIII).

elle-même ; car, si elle l'était, comme elle est subsistante, elle se suffirait pour se constituer en sujet complet, tant par nature qu'en individualité ; et alors elle n'aurait pas besoin de la matière pour former une substance intégrale : son union au corps ne serait qu'accidentelle ; l'âme pourrait en être séparée sans rien perdre de ce qui doit parfaire son essence.

Il s'ensuit que l'âme humaine est seulement principe spécifique, et non principe d'individualité : c'est donc l'autre élément constitutif de l'homme qui sera le « principe d'individuation », dans le sujet humain ; et c'est par son union avec cet élément, c'est-à-dire avec la matière du corps, que l'âme obtiendra le même caractère individuel que l'homme tout entier.

Les âmes sont, par elles-mêmes, semblables ; car l'espèce est une ; elles ne pourraient même pas par leur substance être distinguées l'une de l'autre, si elles n'étaient appropriées chacune à une portion distincte de la matière. C'est par rapport à ce corps plutôt qu'à cet autre, que cette âme est cette âme, et non pas une autre âme. Chaque âme est ainsi adaptée à chaque

definitio personæ neque nomen (I, q. xxix, a. 1, ad. 5).

l'homme; celle-ci à elle seule ne forme pas l'espèce complète; elle n'en est qu'une partie essentielle. Or, l'individu, c'est le tout subsistant dans la nature intégrale. Donc, de même que la tête ou la main ne sont pas l'homme individuel, mais seulement des parties de l'individu, de même l'âme n'est pas l'individu humain; elle est seulement une partie du sujet individuel. Il faut remarquer qu'il est de l'essence de cette âme d'être apte à s'unir à la matière : par conséquent, même séparée du corps, elle n'aurait pas la complète individualité de l'homme, pas plus qu'elle n'aurait la nature humaine tout entière. En cet état de séparation, elle ne mériterait pas le titre de personne; car elle ne pourrait ainsi jouer tout son rôle, elle resterait partie isolée d'un tout désuni (1).

Notre âme n'est donc pas individuelle par

(1) Corpus non est de essentia animæ, sed anima ex natura suæ essentiæ habet quod sit corpori unibilis; unde nec proprie anima est in specie, sed compositum (I, q. LXXV, a. 7, ad 3). — Anima est pars humanæ speciei; et ideo, licet sit separata, quia tamen retinet naturam unibilitatis, non potest dici substantia individua quæ est hypostasis, vel substantia prima, sicut nec manus nec quæcumque alia partium hominis; et sic non competit ei neque

dans son être propre : cet être, en quoi elle subsiste, ne suffit-il pas pour lui donner l'individualité ? Comment peut-elle subsister, si ce n'est individuellement, c'est-à-dire en unité indivise et distincte des autres sujets ?

Certes, si notre âme était un pur esprit, simplement fait pour vivre en dehors de la matière, comme tout esprit pur elle aurait dans son être même le principe de son individualité : car, existant en elle-même et ne pouvant exister en autre chose par son essence, elle serait individuelle par la simple actualité de sa nature (1).

Mais il n'en est pas ainsi : la nature humaine ne consiste pas seulement dans l'âme de

(1) Sed illa forma quæ non est receptibilis in materia, sed est per se subsistens, ex hoc ipso individuatur quod non potest recipi in alio (I, q. III, a. 2, ad 3). — Est enim de ratione individui quod non possit in pluribus esse, quod quidem contingit dupliciter : uno modo quia non est natum esse in aliquo, et hoc modo formæ immateriales separatæ per se subsistentes sunt etiam per seipsas individuæ ; alio modo ex eo quod forma substantialis vel accidentalis est quidem nata in aliquo esse, non tamen in pluribus, sicut hæc albedo, quæ est in hoc corpore (III, q. LXXVII, a. 2).

Dans les animaux supérieurs, non raisonnables cependant, il est assez facile d'entendre que l'âme est individualisée par la matière étendue où elle est incarnée; car cette âme, étant dépendante de la matière et n'ayant pas d'être qui lui appartienne à elle seule, ne saurait avoir non plus d'individualité par elle-même. Néanmoins, la vie de ces animaux ne demeure pas dans une partie séparée du vivant total, et cela parce que leurs organes sont diversement constitués selon les fonctions auxquelles ils doivent servir, et que les activités vitales ne sont pas toutes dans chaque partie de l'organisme (1).

II. — Mais quel est le « principe d'individuation » pour l'âme humaine? Est-ce aussi la matière du corps où elle se pose? Cette âme existe par elle-même, elle est subsistante

specifica post divisionem sit in utraque partium (in II *de Anima*, lect. IV).

(1) Sed forma quæ requirit diversitatem in partibus, sicut est anima, et præcipue animalium perfectorum, non æqualiter se habet ad totum et partes; unde non dividitur per accidens, scilicet per divisionem quantitatis (I, q. LXXVI, a. 8).

mas, pensant que, dans les corps inorganiques, l'étendue est continue aussi et se divise réellement en parties discontinues par le morcellement, assimile à cette division celle des vivants inférieurs : dans les deux cas, l'unité individuelle se résout en multiplicité d'individus, parce que l'âme inférieure est une en acte et multiple en puissance, comme tout corps étendu est actuellement un et néanmoins multipliable par fractionnement. La cause de cette similitude est que, dans les deux cas, les parties, lorsqu'elles étaient en indivision, étaient pareilles à tel point que, séparées, elles conservent une raison suffisante d'avoir la même forme spécifique en individualités distinctes (1).

(1) Sicut enim accidere videtur in formis corporum naturalium inanimatorum, ita in eis quæ propter sui imperfectionem non requirunt diversitatem in partibus, quod in aliquo uno toto anima est in actu una et plures in potentia, sicut et ipsum corpus est unum in actu et plura in potentia. Potest enim dividi unumquodque eorum in diversas partes simili specie, sicut patet in aere, aqua et in corporibus mineralibus. Unde oportet quod, si partes sunt similes specie ad invicem et toti, forma

par plusieurs sujets individuels, et la forme est multipliée en plusieurs formes individuelles.

Il ne faut pas oublier que, tout en tenant de la matière l'individualité, la forme de substance est toujours le principe radical de l'être. C'est seulement une limitation individuelle que l'être spécifique, venant de la forme, prend dans la matière : celle-ci n'a qu'une capacité réceptive ; et en recevant la détermination d'espèce, elle la restreint à un individu. De même, bien que la matière soit le principe fondamental de la quantité dimensive et divisible, elle ne peut produire aucune dimension sans la forme substantielle, qui, en la déterminant, la dispose en étendue positive.

Un exemple remarquable d'individualisation par fractionnement d'étendue est la multiplication en plusieurs individus vivants des animaux inférieurs que l'on morcelle, et des plantes que l'on reproduit par boutures : en ces êtres animés, l'unité du principe de vie formait certainement une continuité d'être dans le corps avant la division ; dans les fragments séparés qui vivent encore, une autre continuité fait un autre individu. Saint Tho-

le distingue, qui le pose dans l'espace, et même dans le temps, car cette quantité arrive ou varie dans la succession des choses (1). Si elle varie par une augmentation ou une diminution dont la cause est dans le sujet même, qui reste indivis, ce changement n'entame pas l'individualité; celle-ci demeure la même, comme dans les vivants qui, sans se diviser, grandissent ou décroissent; mais, si par fractionnement une quantité est divisée en plusieurs, le premier individu est ainsi remplacé

(1) Aliud est in quo salvatur ratio individui apud nos, determinatio scilicet ejus ad certas particulas temporis et loci, quia proprium est esse sibi hic et nunc, et hæc determinatio debetur sibi ratione quantitatis determinatæ. Et ideo materia sub quantitate determinata est principium individuationis, quoad illud in quo salvatur ratio primi in genere substantiæ, quod tamen impossibile est reperiri sine corpore et quantitate. Et ideo quantitas determinata dicitur principium individuationis, non quod aliquo modo causet subjectum suum quod est prima substantia, sed concomitatur eam inseparabiliter et determinat eam ad hic et nunc. Illud ergo quod cadit sub ratione particulari, est hoc aliquid per naturam materiæ; quod autem cadat sub sensu exteriori, est per quantitatem (Opusc. *de Princ. individuationis*).

Pour séparer d'une manière sensible un individu d'un autre individu, la matière emploie son étendue divisible, ses dimensions qui peuvent être circonscrites, limitées, fractionnées. Le sujet apparaît ainsi individualisé par la quantité d'étendue qui le détermine et

bilis quantum est de ratione sua; sed est incommunicabilis solum ratione suppositi, quod est aliquid completum in specie, quod cuilibet formæ non convenit... Ideo, quantum est de natura sua, communicabilis est et in multis recipi potest, et recipitur secundum unam rationem. quum una sit ratio speciei in omnibus suis individuis .. Sua autem receptio est in materia, quia ipsa materialis est. Ex quo patet quod de natura sua sibi relinquitur unitas rationis in communicatione sua, et quod redditur incommunicabilis per receptionem suam in materia. Ex quo enim recipitur in materia, efficitur individuum, quod est incommunicabile et primum fundamentum in genere substantiæ, ut completum aliorum de se prædicabilium subjectum. In via autem generationis semper incompletum est prius completo, licet in via perfectionis sit totum e contrario. Illud ergo quod est primum subjectum omnium in via generationis et incompletum, quod de nullo illius generis prædicatur, materia scilicet, necessario erit primum principium esse incommunicabilis, quod est proprium individui (Opusc. *de Principio individuationis*).

d'elle-même elle est communicable, puisque par essence elle est destinée à former tous les individus de la même espèce ; mais, comme c'est la même nature qu'elle doit donner à tous, elle est principe d'unité, et c'est l'unité spécifique qu'elle leur confère. Si elle pouvait leur apporter aussi l'individualité, elle n'aurait pas besoin de la matière pour les faire exister positivement : à elle seule, elle constituerait des individus immatériels et subsistants ; ce ne serait donc plus une forme de substance corporelle, mais une forme d'esprit pur. Donc, à toute forme qui s'incorpore, il faut que la matière soit principe constitutif d'individualité. Ce rôle convient bien à l'élément matériel ; car il est fait pour recevoir la détermination spécifique et la consolider en un sujet distinct d'un autre sujet. Il est la base première de toutes les choses corporelles, le premier support de toutes les transformations dans cette catégorie de substances : à ce titre, il est premier « principe d'individuation » (1).

(1) Natura enim formæ materialis, quum ipsa non possit esse hoc aliquid completum in specie, cujus solum esse est incommunicabile, est communica-

I

CONSTITUTION DE L'INDIVIDU

I. — La matière est le principe d'individuation des formes dans les êtres corporels. — Application aux êtres inférieurs à l'homme.
II. — L'âme humaine, bien que subsistante en elle-même, prend le caractère individuel par son union à la matière d'un corps. — Elle n'existe pas avant cette union.

I. — Nous avons eu occasion de remarquer déjà que, d'après la théorie de la matière et de la forme, le principe formel donne au sujet corporel l'être spécifique, tandis que la matière, et par elle-même et par les dimensions étendues qui l'accompagnent naturellement, individualise l'espèce : la matière est ce que saint Thomas appelle un « principe d'individuation ».

Le caractère d'individualité consiste principalement dans l'*incommunicabilité* que prend la forme spécifique en s'unissant à la matière :

tatives, sensitives, intellectuelles, elle n'est ni tout entière dans tout le corps, puisque son entendement et sa volonté n'ont pas d'organes, ni tout entière dans chaque partie du corps, puisque les puissances particulières de végétation et de sensibilité ne sont que dans les organes appropriés à leurs opérations.

Il importe aussi de savoir comment est constituée l'individualité humaine, si l'âme subsistante est individuelle par elle-même ou si la matière intervient pour l'individualiser; enfin comment est engendré l'homme individuel, si c'est tout ensemble et dès le début qu'en fait se forme ce qu'il y a de végétatif, de sensitif et d'intellectuel dans sa nature, ou bien s'il se présente une succession du moins parfait au plus parfait, une préparation de la forme la plus haute par l'existence préliminaire de formes inférieures dans la génération de cet être complexe, où l'unité soutient une étonnante variété.

Nous allons étudier cette constitution et cette génération de l'être humain dans son individualité.

L'HOMME INDIVIDUEL

INTRODUCTION

La connaissance de la nature humaine en général doit se compléter par l'étude de la constitution et de la génération de l'homme individuel.

Il ne suffit pas de connaître la nature humaine dans sa généralité, de savoir que l'homme est un composé de matière et d'âme raisonnable, que son âme est spirituelle, indépendante de la matière où elle s'incorpore, subsistante dans son être et immortelle, que par l'actualité de son essence elle est forme substantielle d'un corps organisé et vivant, qu'à ce titre elle est tout entière dans la totalité de ce corps et tout entière aussi dans chacune de ses parties, et que, par les puissances qui émanent de son essence, par ses facultés végé-

IX

L'HOMME INDIVIDUEL

et cela peut être aux dépens des autres facultés. Une coopération bien mesurée entre toutes les puissances profite au travail de toutes; mais, s'il y a excès d'une part, la force peut manquer d'un autre côté: trop penser, par exemple, diminue la capacité de sentir; trop sentir amoindrit la capacité de penser. L'âme est une essentiellement dans ses diverses puissances; et, comme elle n'a qu'une vigueur limitée, il faut qu'elle ménage ses forces, afin d'avoir assez de vitalité à distribuer sur tous les points (1).

(1) Una operatio animæ, quum fuerit intensa, impedit aliam; quod nullo modo contingeret, nisi principium actionum esset per essentiam unum (I, q. LXXVI, a. 3).

gence et la volonté sont comme un idéal sur le modèle duquel sont faites, à leur rang et selon leur mode d'être, les puissances inférieures (1) : la connaissance et l'appétition sensitives rappellent la connaissance intellectuelle et l'inclination volontaire et leur ressemblent dans une certaine mesure ; l'activité végétative a aussi, dans sa direction, comme un reflet d'intelligence et, dans ses tendances, comme un écho de volonté.

Toutes les puissances, ayant leur racine dans la même essence de l'âme, communiquent entre elles par ce fond commun: aussi observe-t-on un transport d'énergie de l'une à l'autre. Plus l'opération d'une faculté est intense, plus elle attire à elle l'activité de l'âme,

---

(1) Quia essentia animæ comparatur ad potentias sicut principium activum et finale….. ; consequens est quod potentiæ animæ quæ sunt priores secundum ordinem perfectionis et naturæ, sint principia aliarum per modum finis et activi principii. Videmus enim quod sensus est propter intellectum et non e converso. Sensus etiam est quædam deficiens participatio intellectus; unde secundum naturalem originem quodammodo est ab intellectu, sicut imperfectum a perfecto (I, q. LXXVII, a. 7).

esprit séparé de la matière qu'elles viennent, mais d'une âme incorporée, bien que spirituelle.

Maintenant, dans un sens large, ne pourrait-on pas dire que l'âme reste le sujet des pouvoirs qu'elle communique ? Oui, mais à condition d'entendre le mot « sujet » dans le sens de principe ou racine, ou d'ajouter que ce n'est pas seule que l'âme est sujet de ces puissances, mais conjointement avec le corps, tandis qu'elle est seule le sujet de l'intelligence et de la volonté.

Les puissances qui n'ont pas d'organe, sont plus parfaites que les autres, précisément parce qu'elles sont plus immatérielles. C'est pour elles que les facultés inférieures sont nées ; c'est au service de la vie intellectuelle et volontaire que toute la vitalité végétative et sensitive est destinée et consacrée. L'âme qui de sa nature produit les puissances de ces trois ordres, a en vue, comme fin principale de cette production naturelle, sa perfection supérieure, et c'est parce qu'elle est capable de sa plus haute activité, qu'elle se donne les activités moins nobles dont celle-là a besoin pour accomplir son œuvre. Et même, l'intelli-

pour cela d'appartenir à l'âme, non pas précisément comme être de corps, mais comme être principe du corps ; de même, les puissances de vie sont dans le corps comme dans leur sujet qui les porte et les possède, bien qu'elles soient toujours puissances de l'âme, où elles ont leur racine (1). Si l'âme humaine n'était pas la forme du corps, le contact de vertu ne poserait pas les puissances dans l'organisme comme dans leur sujet proprement dit ; elles n'y seraient qu'accidentellement, comme serait accidentellement aussi l'âme dans le corps. Mais à cause de l'unité substantielle du composé humain, en touchant de son activité le corps qu'elle a formé substantiellement, l'âme lui fait don en propriété des puissances qu'il est apte à recevoir, parce que ce n'est pas d'un

---

(1) Potentiæ illæ quarum operationes non sunt solius animæ, sed conjuncti, sunt in organo sicut in subjecto, in anima autem sicut in radice. Solum autem illæ potentiæ sunt in anima sicut in subjecto, quarum operationes anima non per organum corporis exequitur ; quæ tamen sunt animæ secundum quod excedit corpus. Unde non sequitur quod in qualibet parte corporis sint omnes potentiæ animæ (Q. disp. *de Spir. creat.*, a. 4, ad 3).

vies inférieures ; en lui donc, aussi, végéter et sentir sont des opérations du corps par l'âme, par les puissances que l'âme lui donne (1).

Mais, dira-t-on, l'âme de l'homme a son être qui lui appartient et, en le communiquant à la matière, elle en demeure le sujet subsistant : il doit, semble-t-il, en être de même des puissances qu'elle confère au corps ; elle doit en rester le sujet fondamental, bien qu'elle les communique aux organes. Sans doute, répondrons-nous, ces pouvoirs restent attachés à l'âme, mais seulement comme au principe duquel ils tiennent ce qu'ils sont (2) ; ils n'en sont pas moins pouvoirs du corps animé, car l'âme les donne au corps pour qu'il puisse opérer les actes vitaux comme le végétal et la bête les opèrent. De même que l'être de substance corporelle appartient au corps humain dès que l'âme le lui donne, sans qu'il cesse

---

(1) Omnes potentiæ dicuntur esse animæ, non sicut subjecti, sed sicut principii ; quia per animam conjunctum habet quod tales operationes operari possit (I, q. LXXVII, a. 5, ad 1).

(2) Omnes hujusmodi potentiæ per prius sunt in anima quam in conjuncto, non sicut in subjecto, sed sicut in principio (I, q. LXXVII, a. 5, ad 2).

l'âme dans le corps à titre de forme substantielle et son existence dans les organes par ses puissances inférieures. Quant à l'intelligence et à la volonté, elles ne sont dans aucun organe. L'âme humaine, par ses puissances, n'est donc pas dans tout le corps ; elle n'est dans l'organisme que par ses facultés de végétation et de sensibilité : celles-ci sont dans le corps comme dans leur sujet, parce que, par elles, c'est le corps animé, et non pas l'âme seule, qui opère.

Et cependant, nous avons dit que l'âme, par ces puissances, est dans le corps au moyen d'un contact de vertu et comme un moteur : cela ne signifie-t-il pas que les puissances ont l'âme pour sujet, et qu'elles touchent seulement les organes pour les mouvoir, sans leur appartenir comme des qualités appartiennent à un sujet substantiel ? Saint Thomas n'admet pas cette interprétation, et le point de vue auquel il se place est vraiment scientifique : dans l'animal et dans la plante, les opérations sensitives et végétatives sont accomplies par le corps animé ; l'homme qui, dans sa nature, comprend celle de la plante et celle de l'animal, doit opérer de même les actes des deux

fie seulement que l'essence d'un œil véritable est d'être un organe matériel substantiellement déterminé par un principe formel de vision : ce principe a, néanmoins, double rôle ; il est forme de substance, et il est cause intime de la vue. C'est ainsi que saint Thomas interprète Aristote : « La puissance de l'âme, dit-il, a sa racine dans l'essence ; et voilà pourquoi partout où est quelque puissance de l'âme, là est l'essence de l'âme. Donc, ce que dit le Philosophe, que, si l'œil de l'animal était un animal, la vue serait son âme, ne s'entend pas de la puissance de l'âme sans son essence ; de même que du corps tout entier l'âme sensible est dite être forme par son essence, non par la puissance sensitive (1). »

Conservons la distinction entre l'existence de

---

(1) Potentia animæ radicatur in essentia ; et ideo ubicumque est aliqua potentia animæ, ibi est essentia animæ. Quod ergo dicit Philosophus, quod, si oculus animalis esset animal, visus esset anima ejus, non intelligitur de potentia animæ sine ejus essentia ; sicut et totius corporis dicitur anima sensibilis esse forma per essentiam suam, non per potentiam sensitivam (Q. disp. *de Anima*, a. 10, ad 10).

L'existence des puissances de l'âme dans l'organisme par contact de vertu est-elle bien conforme à la théorie d'Aristote ? Ne dit-il pas que, « si l'œil était un animal, la vue serait son âme ? » Il semble donc que, selon ce philosophe, la puissance de vision soit dans l'œil au même titre que l'âme est premièrement dans le corps de l'animal, c'est-à-dire comme forme de substance. Et ne l'enseigne-t-il pas expressément ? Voici, en effet, l'explication qu'il donne dans son *Traité de l'Ame*: « Ce qui a été dit, il faut le considérer aussi dans les parties du corps : si l'œil était un animal, la vue serait son âme ; car elle est substance de l'œil selon l'essence ; tandis que l'œil est matière de la vue, laquelle étant perdue, ce n'est plus un œil, si ce n'est de façon homonyme, comme un œil en pierre ou en peinture (1). » Mais cela signi-

secundum vim motivam sit pars movens, et corpus animatum sit pars mota (I, q. LXXVI, a. 4, ad 2).

(1) Θεωρεῖν δὲ καὶ ἐπὶ τῶν μερῶν δεῖ τὸ λεχθέν· εἰ γὰρ ἦν ὁ ὀφθαλμὸς ζῷον, ψυχὴ ἂν ἦν αὐτοῦ ἡ ὄψις· αὕτη γὰρ οὐσία ὀφθαλμοῦ ἡ κατὰ τὸν λόγον· ὁ δ'ὀφθαλμὸς ὕλη ὄψεως, ἧς ἀπολιπούσης οὐκ ἔστιν ὀφθαλμός, πλὴν ὁμωνύμως, καθάπερ ὁ λίθινος καὶ ὁ γεγραμμένος (Περὶ ψυχῆς, II, 1 (9), F. D.).

rieure par son essence aux puissances vitales (1). C'est après l'avoir ainsi formé, que notre âme entre en contact avec lui, et le met en mouvement pour les opérations de la vie aux divers degrés. L'animation ne consiste pas dans une action motrice, c'est à un corps déjà animé par elle-même, au moyen d'une détermination substantielle, que l'âme imprime le mouvement, et non pas seulement le changement de place, mais aussi le mouvement d'opération, la détermination d'acte végétatif ou sensitif (2).

(1) Substantia spiritualis quæ unitur corpori solum ut motor, unitur ei per potentiam et virtutem ; sed anima intellectiva corpori unitur ut forma per suum esse ; administrat tamen ipsum et movet per suam potentiam et virtutem (I, q. LXXVI, a. 6, ad 3). —— Corpus humanum habet naturalem ordinem ad animam rationalem, quæ est propria forma ejus et motor: et inquantum quidem est forma ejus, recipit ab anima vitam et cæteras proprietates convenientes humano corpori secundum suam speciem; inquantum vero anima est motor corporis, corpus instrumentaliter servit animæ (III, q. VIII, a. 2).

(2) Anima non movet corpus per esse suum, secundum quod unitur corpori ut forma, sed per potentiam motivam, cujus actus præsupponit jam corpus effectum in actu per animam : ut sic anima

d'un batelier sur le bateau qu'il manœuvre, suivant la comparaison de Platon. Mais, en définitive, Saint Thomas ne voit dans le contact de vertu qu'une union de moteur à mobile, et c'est une telle union que les platoniciens admettent entre l'âme et le corps (1).

Ce qui distingue la philosophie de saint Thomas, c'est qu'elle ne se contente pas d'un pareil contact pour caractériser l'existence de notre âme dans l'organisme dont elle se sert. Oui, l'âme intelligente touche de ses puissances le corps qui lui est uni; par là, elle le gouverne et le meut; mais ce n'est pas tout, ce n'est même pas le commencement: d'abord, elle le forme en communiquant son être même à la matière, le constitue en substance actuelle avec toutes les propriétés convenables à son espèce de corps humain, avec la vie même, considérée comme nature fondamentale, anté-

---

(1) Plato igitur posuit, et ejus sequaces, quod anima intellectualis non unitur corpori sicut forma materiæ, sed solum sicut motor mobili, dicens animam esse in corpore sicut nauta est in navi; et sic unio animæ et corporis non esset nisi per contactum virtutis, de quo supra, c. præced., dictum est *C. Gent.*, lib. II, c. LVII).

elle est d'un genre tout autre que celui de l'étendue et des éléments de l'étendue: voilà pourquoi notre âme peut, sans se morceler ni prendre elle-même aucune dimension, sans se poser non plus à une seule pointe, insinuer ses puissances dans le corps, dans la longueur, la largeur et la profondeur des multiples organes (1).

La philosophie platonicienne accepterait peut-être une telle diffusion de certaines facultés de l'âme dans l'organisme, puisque ce n'est, après tout, qu'une application d'activité sur un corps naturellement fait pour en subir l'impression. Sans doute, l'action des puissances paraît ainsi plus intérieure que celle

(1) Indivisibile est duplex. Unum quod est terminus continui, ut punctum in permanentibus et momentum in successivis... Aliud autem indivisibile est quod est extra totum genus continui, et hoc modo substantiæ incorporeæ, ut Deus, angelus et anima, dicuntur esse indivisibiles. Tale igitur indivisibile non applicatur ad continuum sicut aliquid ejus, sed inquantum contingit illud sua virtute: unde, secundum quod virtus sua se potest extendere ad unum vel multa, ad parvum vel magnum, secundum hoc est in uno vel pluribus locis, et in loco parvo vel magno (I, q. VIII, a. 2, ad 2).

Dieu est en toutes choses parce qu'il agit en toutes choses, comme un ange est dans un lieu corporel qu'il touche de sa vertu active, de même notre âme est, par ses puissances, dans l'organisme. Ni Dieu ni aucun autre esprit pur ne sont contenus, enfermés, enveloppés dans le lieu où ils sont; mais plutôt ils contiennent, ils enveloppent, en même temps qu'ils pénètrent entièrement, la chose dans laquelle ils agissent. De même, l'âme humaine contient son corps, l'embrasse et le pénètre de son influence active, plutôt qu'elle n'y est contenue (1). Son indivisibilité n'est pas comme celle d'un point géométrique qui aurait sa place marquée à l'extrémité d'une ligne ou à l'intersection de deux lignes;

---

(1) Licet corporalia dicantur esse in aliquo, sicut in continente, tamen spiritualia continent ea in quibus sunt, sicut anima continet corpus. Unde et Deus est in rebus sicut continens res (I, q. VIII, a. 1, ad 2). — Substantia incorporea sua virtute contingens rem corpoream continet ipsam, et non continetur ab ea. Anima enim est in corpore ut continens, et non ut contenta. Et similiter angelus dicitur in loco corporeo, non ut contentum, sed ut continens aliquo modo (I, q. LII, a. 1).

tation, et, pour cela, susciter dans la substance corporelle les puissances appropriées à de telles opérations (1). Ces puissances ainsi nées de l'âme dans le corps, ou, si l'on veut, nées par l'âme et du corps animé, ne sont pas précisément au même titre, dans leurs organes respectifs, que l'âme est unie à la matière comme sa forme substantielle : elles y sont plutôt par un contact de vertu, au moyen duquel l'âme les répand dans les régions de l'organisme qui leur conviennent. De cette façon, tout en étant indivisible, l'âme applique ses puissances aux diverses parties du corps étendu, et imprègne de leur activité les organes qui doivent agir par elles. Saint Thomas compare l'existence de ces puissances dans le corps au mode d'existence que peut avoir un esprit pur dans une chose corporelle : comme

(1) Compositum autem est in actu per animam. Unde manifestum est quod omnes potentiæ animæ, sive subjectum earum sit anima sola, sive compositum, fluunt ab essentia animæ sicut a principio; quia jam dictum est, in isto art., quod accidens causatur a subjecto secundum quod est actu, et recipitur in eo inquantum est in potentia (I, q. LXXVII, a. 6).

de toutes ces vertus; les unes sont reçues dans le corps animé, les autres dans l'âme seule : elle est le sujet en même temps que le principe de ces dernières, intelligence et volonté; elle est le principe, mais le corps vivant est le sujet, des autres, puissances végétatives et sensitives (1).

II. — L'âme humaine joue le rôle d'âme sensitive et d'âme végétative en même temps que celui d'âme intelligente; elle doit donc, comme les âmes inférieures, faire avec le corps tout ce qui est de la sensibilité et de la végé-

---

rum sicut finis et sicut principium activum, quarumdam autem sicut susceptivum (I, q. LXXVII, a. 6, ad 2).

(1) Quædam operationes sunt animæ quæ exercentur sine organo corporali, ut intelligere et velle; unde potentiæ quæ sunt harum operationum principia, sunt in anima sicut in subjecto. Quædam vero operationes sunt animæ quæ exercentur per organa corporalia, sicut visio per oculum, auditus per aurem; et simile est de omnibus aliis operationibus nutritivæ et sensitivæ partis. Et ideo potentiæ quæ sunt talium operationum principia, sunt in conjuncto sicut in subjecto, et non in anima sola (I, q. LXXVII, a. 5).

les unes dans l'organisme, les autres sans organes (1). L'essence de l'âme est une; elle n'est pas divisible en deux parts, dont l'une serait incorporée, et l'autre non incorporée; mais son unité est l'origine de puissances multiples, dont certaines peuvent être indépendantes du corps, parce que l'essence elle-même a un mode d'incorporation qui ne nuit pas à son indépendance radicale; elle communique son être actuel à la matière, sans cesser de subsister en cet être qui lui appartient.

L'âme, par une sorte d'épanouissement naturel, produit toutes ses puissances comme un complément qui lui est dû : elle est ainsi et le principe actif et le but de cette efflorescence (2). Mais elle n'est pas le sujet réceptif

(1) Idem apparet ex potentiarum differentia; quarum quædam sunt quarumdam partium corporis actus, ut omnes potentiæ sensitivæ et nutritivæ partis; quædam vero potentiæ non sunt actus alicujus partis corporis, ut intellectus et voluntas: quod non posset esse, si potentiæ animæ non essent aliud quam ejus essentia. Non enim potest dici quod unum et idem possit esse actus corporis et separatum, nisi secundum diversa (Q. disp. *de Spirit. creat.*, a. 11).

(2) Essentia animæ est causa omnium potentia-

L'âme humaine, la plus noble des âmes, est à la fois la plus rigoureusement concentrée dans son essence simple, puisque dans son fond essentiel elle est indépendante de toute matière, et la plus féconde en puissances distinctes, variées et magnifiquement ordonnées entre elles. Les unes sont placées en des organes, chacune dans le sien propre : telles sont les puissances de végétation et de sensibilité. Les autres restent dans l'âme sans être communiquées à l'organisme : ce sont l'entendement et la volonté, dont les opérations sont incompatibles avec la matière.

Ces caractères si différents des puissances de notre âme montrent bien que celles-ci ne sont pas son essence, bien qu'elles en émanent. L'essence ne pourrait, à titre d'essence, être à la fois forme du corps et séparée du corps ; mais elle peut, sous un rapport, être forme de substance corporelle, et, sous un autre, être principe de puissances qui soient

tantum, in constitutione viventium magis apparet quod natura operetur propter finem quam in aliis rebus naturalibus, in quibus una forma uniformiter perficit suum perfectibile (Q. disp. *de Anima*, a. 10, ad 17).

Ainsi se dévoile dans les vivants, surtout dans les vivants supérieurs, la finalité de la nature, plus ouvertement que dans les autres productions naturelles: c'est l'idéal du tout organique à composer qui dirige le travail par lequel le principe de vie constitue, moule chaque organe, comme c'est l'idéal de la vie totale qui motive le choix et l'harmonie des puissances qui doivent y coopérer, comme aussi c'est l'idéal de l'ensemble des opérations qui est la raison déterminante de la formation de tel corps total plutôt que de tel autre, et l'idéal de chaque opération particulière qui détermine la formation de chaque organe en particulier (1).

tiam, diversi mode partes corporis perficit (Q. disp. *de Anima*, a. 10, ad 2). — Anima per determinatam figuram dicitur esse in corpore, non quod figura sit causa quare sit in corpore, sed potius figura corporis est ex anima ; unde, ubi non est figura conveniens huic animæ, non potest esse hæc anima. Sed aliam figuram requirit anima in toto corpore, cujus prius est actus, et aliam in parte, cujus est actus in ordine ad totum, sicut dictum est (Q. disp. *de Spir. creat.*, a. 4, ad 9¹.

(1) Et verum est quod, propter hujusmodi diversitatem, cujus ratio est ex fine et non ex forma

c'est chaque organe (1). La fin principale, qui est la formation d'un vivant total, évoque à titre de moyens les fins secondaires, qui sont les formations particulières des organes appropriés. Par l'âme se font les instruments que réclament la vie d'ensemble pour laquelle l'âme fait exister le corps. La diversité ainsi formée dans les parties de l'organisme est une diversité de constitution substantielle, malgré l'unité de la substance intégrale, et une diversité de configuration : la matière donne volontiers son concours à cette variété dans l'unité, parce qu'elle est faite pour les besoins de la forme (2).

(1) Tamen attendendum est quod, quia anima requirit diversitatem in partibus, non eodem modo comparatur ad totum et ad partes; sed ad totum quidem primo et per se, sicut ad proprium et proportionatum perfectibile ; ad partes autem per posterius, secundum quod partes habent ordinem ad totum (I, q. LXXVI, a. 8).

(2) Quum materia sit propter formam, hoc modo forma dat esse et speciem materiæ, secundum quod congruit suæ operationi; et, quia corpus perfectibile ab anima, ad hoc quod congruat diversis operationibus animæ, requirit diversitatem in partibus, ideo, licet sit una et simplex secundum suam essen-

fait ces deux raisons explicatives : « Les animaux annelés vivent fragmentés, non seulement parce que l'âme est en chaque partie du corps, mais parce que leur âme, comme elle est imparfaite et principe de peu d'actions, requiert peu de diversité dans les parties, ce qui se trouve aussi dans la partie détachée du vivant : comme donc le sujet retient la disposition par laquelle le corps total est perfectible par l'âme, en lui l'âme demeure. Mais il en est autrement dans les animaux parfaits (1). »

Ce qui est premièrement appelé à recevoir la perfection que l'âme apporte, c'est le corps dans sa totalité. Mais, comme l'âme est destinée à être forme d'un corps organisé, ce qui secondairement, et par rapport naturel au tout, est susceptible de recevoir l'animation,

---

(1) Animalia annulosa decisa vivunt, non solum quia anima est in qualibet parte corporis, sed quia anima eorum, quum sit imperfecta et paucarum actionum, requirit paucam diversitatem in partibus, quæ etiam invenitur in parte decisa a vivente ; unde, quum retineat dispositionem per quam totum corpus est perfectibile ab anima, remanet in ea anima. Secus autem est in animalibus perfectis (Q. disp. *de Anima*, a. 10, ad 15).

se prévaloir aussi de l'existence essentielle de l'âme en totalité dans chaque partie du corps vivant : l'essence est tout entière en tel endroit, et néanmoins tout entière en dehors de cette place, en tel autre endroit de l'organisme non divisé ; après la division, pourquoi ne serait-elle pas encore tout entière en chaque fragment ? En réalité, l'âme n'est pas divisée, mais plutôt multipliée, en conséquence de la division de l'étendue corporelle.

Saint Thomas répète la formule d'Aristote : « Dans ces animaux qui fragmentés vivent, dit-il, est une âme en acte, et plusieurs en puissance ; or, par le fractionnement, elles sont réduites en acte de multitude, comme il arrive dans toutes les formes qui ont extension dans la matière (1). » Mais il donne aussi du

---

cisa nutritur, augetur et germinat ; ex quo apparet quod diversæ partes animæ in una et eadem parte corporis sint (*C. Gent.*, lib. II, c. LVIII).

(1) In illis animalibus quæ decisa vivunt, est una anima in actu, et multæ in potentia ; per decisionem autem reducuntur in actum multitudinis, sicut contingit in omnibus formis quæ habent extensionem in materia (Q. disp. *de Spirit. creat.*, a. 4, ad 19).

une âme simple de plante ou d'animal inférieur peut se prêter au fractionnement du corps qu'elle anime en plusieurs corps partiels qui persistent à vivre, chacun par son âme. Aristote, qui utilise avec une grande habileté sa théorie de la puissance et de l'acte, avait dit que, dans ce cas, « l'âme est une en acte et plusieurs en puissance » (1) : cette potentialité d'être plusieurs, malgré une primitive unité, serait le mot de l'énigme. Mais ne serait-ce pas plutôt un mot qu'une idée ? Comment ce qui est un peut-il devenir plusieurs ? Voilà ce qu'il faudrait expliquer.

On peut dire, comme Aristote paraît l'indiquer, que pareille division d'un corps animé en plusieurs corps animés est possible parce que, dans les parties qui ont pu être détachées sans cesser de vivre, toutes les puissances nécessaires à la vie existaient ensemble avant la séparation (2). On pourrait, ce semble,

---

(1) Περὶ ψυχῆς, II, ιι (8), F. D.
(2) Manifestum est quod in eadem parte corporis apparent diversarum partium animæ operationes, sicut patet in animalibus quæ decisa vivunt, quia eadem pars habet motum et sensum et appetitum quo moveatur; et similiter eadem pars plantæ de-

sances soient dans chaque partie séparable ;
car chaque partie séparée manifeste la même
espèce de vie, de sensation, de mouvement
que le corps primitif.

Mais, dans les animaux supérieurs, les
puissances sont évidemment divisées en divers
organes (1). L'appareil de nutrition est associé
à l'appareil de sensibilité, mais s'en distingue;
et dans l'ordre végétatif diverses fonctions
sont confiées à divers départements organiques,
de même que dans l'ordre sensitif : la digestion, par exemple, a ses instruments; la circulation du sang et la respiration ont les leurs ;
les sens externes comme les sens internes résident en des régions appropriées, bien que
reliées à quelque organe principal.

Il n'est pas très aisé d'expliquer comment

---

(1) Sed, quia anima totalitatem quantitativam
non habet nec per se, nec per accidens, ut dictum
est in isto art., sufficit dicere quod anima tota est in
qualibet parte corporis secundum totalitatem perfectionis et essentiæ, non autem secundum totalitatem virtutis; quia non secundum quamlibet suam
potentiam est in qualibet parte corporis, sed secundum visum in oculo, secundum auditum in
aure, et sic de aliis (I, q. LXXVI, a. 8).

bien que ces atomes primitifs, devenus parties intégrantes du tout ainsi composé, conservent une certaine différence dans leurs activités. Mais ce n'est pas la théorie de saint Thomas : d'après lui, la matière est uniforme, en substance et en puissance d'agir, en tous les points de chaque corps inorganique, qu'il soit simple ou même composé ; la vie seule peut demander des puissances diverses qui soient localisées en diverses parties du corps.

Les corps vivants ont des organes et, plus ils sont parfaits, plus leur activité vitale se distribue en puissances distinctes réparties en des organes distincts, dont chacun a la sienne ou les siennes.

Dans les végétaux, autre est la fonction des racines, autre celles du tronc et des branches, des feuilles, des bourgeons. Néanmoins, dans les plantes qui peuvent être reproduites par boutures, les rameaux séparables paraissent avoir toutes les activités végétales, puisqu'après leur séparation ils sont capables de se développer en végétaux complets.

Dans certains animaux inférieurs dont les fragments vivent encore après division du corps total, il semble aussi que toutes les puis-

entier et dans toutes ses parties, puisque là, partout, existe la forme substantielle.

Mais est-ce à dire que, partout où est cette forme première, existent positivement toutes ses puissances, dans leur réalité propre ? Ce n'est point nécessaire : un principe peut exister quelque part sans y produire toutes ses conséquences naturelles ; il suffit qu'il en fasse naître quelqu'une, pour qu'il ait raison suffisante d'exister sur tel point (1).

Dans les corps inorganiques, on pourrait supposer des activités diverses dans les diverses parties d'une même substance individuelle. Tout en conservant la théorie de la transformation substantielle dans les combinaisons chimiques, on a pu admettre, par hypothèse, que les atomes des substances composantes s'accolent les unes aux autres pour constituer un corps total que vient former un principe actif de substance unique et nouveau,

---

(1) Licet omnes potentiæ radicentur in essentia animæ, tamen quælibet pars corporis recipit animam secundum suum modum ; et ideo in diversis partibus est secundum diversas potentias; neque oportet quod in unaquaque sit secundum omnes (Q. disp. *de Anima*, a. 10, ad 13).

sageons sous le rapport de leurs puissances d'opération, nous devrons encore dire que les formes substantielles sont dans tout le corps et dans toutes ses parties par quelque puissance d'opérer : car c'est pour l'opération que l'essence a l'être actuel, c'est à opérer qu'elle est destinée par sa nature même. Toute substance est active, parce que sans activité l'existence substantielle n'aurait pas une suffisante raison d'être : il s'ensuit que tout ce qui est substantiel doit avoir, avec un principe d'être, un principe immanent et dérivé d'activité et d'opération. Toute forme substantielle doit porter avec elle, partout où elle est, quelque forme seconde, cause interne de quelque action. Dans tout le corps, comme dans toutes ses parties, en quelque genre de substance corporelle que ce soit, doivent se trouver, par conséquent, et une forme de substance et quelque puissance d'opérer, d'agir, émanée de la forme substantielle.

En outre, comme c'est de la forme de substance que découle naturellement toute puissance d'opération, le principe fondamental, intrinsèquement premier, de toutes les puissances opératives existe dans le corps tout

II

EXISTENCE DES PUISSANCES DE L'AME

I. — Les puissances d'opération des formes substantielles ne sont pas nécessairement toutes dans le corps tout entier ni dans chaque partie du corps. — Problème de certains vivants, plantes et animaux inférieurs, dont les fragments séparés continuent de vivre : solution d'Aristote et de saint Thomas. — Dans les vivants supérieurs, notamment dans l'homme, chaque puissance organique n'est que dans son organe. Les puissances intellectuelles, intelligence et volonté, sont dans l'âme seule.

II. — D'après saint Thomas, c'est par un contact de vertu que l'âme humaine communique au corps ses puissances végétatives et sensitives. — L'âme est le principe de ces puissances ; mais elles sont dans leurs organes respectifs comme dans leur sujet. — Toutes les puissances de l'âme sont ordonnées entre elles et sont mises en communication ensemble par l'essence de l'âme, où elles ont leur racine.

I. — Si, au lieu de considérer les formes au point de vue de leur essence, nous les envi-

corps (1) ». Du reste, en tant que forme du corps, l'âme humaine ne peut être amenée à l'être actuel seulement par l'évolution de la potentialité matérielle sous la motion d'un agent naturel de transformation, comme il arrive aux autres formes plongées dans la matière, mais elle a besoin d'être créée immédiatement par Dieu, précisément parce que son essence dépasse la proportion de toute la matière corporelle : et telle est la conviction de saint Thomas (2). Donc, c'est même en tant que forme du corps que notre âme a son immatérialité subsistante, de laquelle émane son activité intellectuelle.

(1) Anima habet operationem in qua non communicat corpus, ex ea parte qua superat omnem corporis proportionem; ex hoc tamen non removetur quin sit aliquo modo corpori unita (Q. disp. *de Anima*, a. 2, ad 13).

(2) Anima humana, licet sit forma unita corpori, tamen excedit proportionem totius materiæ corporalis ; et ideo non potest educi in actum de potentia materiæ per aliquem motum vel mutationem, sicut aliæ formæ quæ sunt immersæ materiæ (Q. disp. *de Anima*, a. 2, ad 12).

matière, elle reste subsistante : c'est l'être même dans lequel elle subsiste, qu'elle lui communique. Or, c'est précisément parce qu'elle est subsistante qu'elle est principe d'intelligence et de volonté. Donc, l'être même qu'elle communique, demeure, malgré cette communication, principe actuel de la vie intellectuelle par le caractère même sous lequel il est communiqué, à savoir la subsistance.

C'est en ce sens qu'il faut entendre cette déclaration de saint Thomas : « Des puissances de l'âme, certaines sont en elle selon qu'elle dépasse toute la capacité du corps, à savoir l'entendement et la volonté : voilà pourquoi les puissances de ce genre sont dites n'être dans aucune partie du corps (1). » De même cette autre proposition : « L'âme a une opération qui n'est pas commune avec le corps, du côté par où elle surpasse toute la proportion du corps ; cela cependant n'empêche point qu'elle ne soit en quelque manière unie au

---

(1) Potentiarum animæ quædam sunt in ea secundum quod excedit totam corporis capacitatem, scilicet intellectus et voluntas : unde hujusmodi potentiæ in nulla parte corporis esse dicuntur (I, q. LXXVI, a. 8, ad 4).

sation, perfections moins hautes dont cet esprit est aussi le principe. La pensée et la volonté ne sont donc pas plus immatérielles que l'essence de l'âme ; elles tiennent, au contraire, leur immatérialité de l'immatérialité même de cette essence (1).

En somme, il n'y a pas dans l'essence de l'âme humaine deux éléments partiels, l'un par lequel elle serait forme du corps, l'autre d'où émaneraient ses puissances intellectuelles. Cette essence est absolument simple dans la réalité, bien qu'elle puisse être considérée à divers points de vue. Mais, comme tout en étant de nature à former un corps avec la matière, l'âme est subsistante en elle-même, elle communique son actualité à la matière corporelle sans perdre sa capacité intrinsèque d'opérer seule, indépendamment de l'organisme. Dans sa communication à la

(1) Ex hoc contingit quod ab essentia animæ aliqua potentia fluat quæ non est actus corporis, quia essentia animæ excedit corporis proportionem, ut supra, a. 4, dictum est. Unde non sequitur quod potentia sit immaterialior quam essentia ; sed ex immaterialitate essentiæ sequitur immaterialitas potentiæ (Q. disp. *de Spirit. creat.*, a. 11, ad 12).

essentielle de l'âme, sans que l'âme humaine ait nécessité ni même possibilité de lui donner en commun ce qui se rapporte à la vie proprement intellectuelle. Cette exclusion du corps matériel, au regard de la pensée et de la volonté intelligente, ne vient pas d'une impuissance de l'âme, mais d'une incapacité de la matière : l'âme reste dans le corps tout ce qu'elle est en elle-même, et de tout ce qu'elle est, elle ferait part au corps, s'il pouvait tout recevoir ; elle l'ennoblit autant que le comporte la nature du corps, et il faut bien qu'elle se réserve à elle seule ce que rien de corporel ne saurait porter.

Si donc de l'essence de l'âme humaine émane quelque puissance qui demeure indépendante de l'organisme, ce n'est pas que cette essence ne soit pas tout entière dans l'organisme, car elle ne peut se diviser à titre d'essence : c'est plutôt que son immatérialité spirituelle est tellement supérieure à la matérialité du corps, que celui-ci ne peut acquérir, même dans son union avec une telle âme, une animation suffisant à le rendre intellectuel, bien qu'il puisse y prendre ce qui est à sa portée, l'existence corporelle, la vie végétative et la vie de sen-

les parties du corps, puisque c'est d'elle que le tout corporel et toutes ses parties tiennent leur nature spécifique. Mais ne nous représentons pas cette intégralité essentielle et existante, comme une quantité qui, contenue tout entière en un lieu, ne laisserait plus rien d'elle au dehors. C'est une intégralité de perfection, et non pas une totalité quantitative ; et cette perfection intégrale n'est pas mesurable par une totalité de lieu ou de quantité corporelle. Voilà pourquoi, en étant tout entière par son essence dans une partie du corps, l'âme peut néanmoins être tout entière dans une autre partie (1). De même, l'essence de l'âme, sans se diviser, sans se morceler, peut communiquer son actualité, son être, à la matière du corps dans toute la proportion où celle-ci peut être élevée à la participation de la dignité

(1) Quod ergo est totum in aliquo loco totalitate quantitatis, non potest esse extra locum illum, quia quantitas locati commensuratur quantitati loci : unde non est totalitas quantitatis si non sit totalitas loci. Sed totalitas essentiæ non commensuratur totalitati loci : unde non oportet quod illud quod est totum totalitate essentiæ in aliquo, nullo modo sit extra illud (I, q. VIII, a. 2, ad 3).

selon son essence est la forme du corps, et, en tant qu'elle est la forme du corps, elle est en chaque partie du corps, comme il a été montré ; — il reste que l'âme est tout entière dans chaque partie du corps selon la totalité de la perfection de l'espèce (1). »

Maintenons que l'âme humaine, simple et indivisible dans son essence et dans son être, est tout entière par son essence et par son être là où elle est, qu'elle est donc sous ce rapport tout entière dans tout le corps et dans toutes

---

(1) Hic modus totalitatis attribuitur etiam essentiis simplicibus ratione suæ perfectionis, eo quod, sicut composita habent perfectam speciem ex conjunctione principiorum essentialium, ita substantiæ et formæ simplices habent perfectam speciem per seipsas... Dicimus ergo quod, quum perfectio speciei pertineat ad animam secundum suam essentiam, — anima secundum suam essentiam est forma corporis, et, prout est forma corporis, est in qualibet parte corporis, ut ostensum est, — relinquitur quod anima tota sit in qualibet parte corporis secundum totalitatem perfectionis speciei (Q. disp. *de Anima*, a. 10). — Anima est pars speciei, et tamen est principium dans speciem ; et secundum hoc quæritur de specie animæ (Q. disp. *de Anima*, a. 7, ad 15).

pérer ou de la vertu (1). » Si donc l'être de l'âme humaine n'est pas tout entier pris ou reçu par le corps, n'est-ce pas que l'essence de l'âme n'est pas non plus tout entière dans le corps animé ? Comment alors Saint Thomas peut-il affirmer que « l'âme tout entière est dans chaque partie du corps selon la totalité de perfection et d'essence (2) ? » Ce qu'il explique ainsi : « Ce mode de totalité est attribué même aux essences simples en raison de leur perfection, en ce que, comme les composés ont l'espèce parfaite par l'union de leurs principes essentiels, ainsi les substances et les formes simples ont l'espèce parfaite par elles-mêmes... Nous disons que, la perfection de l'espèce appartenant à l'âme selon son essence, — or, l'âme

---

(1) Sicut autem esse est actualitas quædam essentiæ, ita operari est actualitas operativæ potentiæ seu virtutis (Q. disp. *de Spirit. creat.*, a. 11). — Non enim in anima sunt duo actus, scilicet sua essentia quæ est sua actualitas, et esse suum. Sed esse suum est sua actualitas, ratione cujus ipsa essentia animæ est actus corporis (Opusc. *de Principio individuationis*).

(2) Anima tota est in qualibet parte corporis secundum totalitatem perfectionis et essentiæ (I, q. LXXVI, a. 8).

trouver la même doctrine dans les autres ouvrages de Saint Thomas ; par exemple, dans son traité spécial *de l'Ame* : « Bien que l'être de l'âme, dit-il, soit en quelque manière du corps, cependant le corps n'atteint pas à la participation de l'être de l'âme selon toute sa noblesse et vertu ; et voilà pourquoi il y a quelque opération de l'âme qui n'est pas commune avec le corps (1). »

Or « l'être est l'actualité de l'essence, comme l'opération est l'actualité de la puissance d'o-

operationi, ut dictum est, quum unumquodque operetur secundum quod est ens, oportet quod esse animæ humanæ superexcedat materiam corporalem, et non sit totaliter comprehensa ab ipsa, sed tamen aliquo modo attingatur ab ea. Inquantum igitur supergreditur esse materiæ corporis, potens per se subsistere et operari, anima humana est substantia spiritualis ; inquantum vero attingitur a materia et esse suum communicat illi, est corporis forma (Q. disp. *de Spir. creat.*, a. 2).

(1) Quamvis esse anima sit quodammodo corporis, non tamen corpus attingit ad esse animæ participandum secundum totam suam nobilitatem et virtutem ; et ideo est aliqua operatio animæ in qua non communicat corpus (Q. disp. *de Anima*, a. 1, ad 18).

des choses, rester au-dessus de ce qui est matériel. Voici une citation du *Traité des Créatures spirituelles* où cette théorie semble exposée ouvertement : « La plus parfaite des formes, c'est-à-dire l'âme humaine, qui est la fin de toutes les formes naturelles, a une opération qui dépasse absolument la matière et ne se fait point par un organe corporel, à savoir l'acte d'intelligence. Et, puisque l'être de la chose est proportionné à l'opération de celle-ci, comme il a été dit, chaque sujet opérant selon qu'il est être, il faut que l'être de l'âme humaine surpasse la matière corporelle et ne soit pas totalement pris par cette matière, mais cependant qu'il soit, en quelque façon, atteint par elle. Donc, en tant qu'elle surpasse l'être de la matière corporelle et qu'elle peut par elle-même subsister et opérer, l'âme humaine est substance spirituelle ; et, en tant qu'elle est atteinte par la matière et lui communique son être, elle est forme du corps (1). » On peut

(1) Perfectissima autem formarum, id est anima humana, quæ est finis omnium formarum naturalium, habet operationem omnino excedentem materiam, quæ non fit per organum corporale, scilicet intelligere. Et quia esse rei proportionatur ejus

EXISTENCE ESSENTIELLE DE L'AME

chaque partie de notre corps comme dans le corps tout entier.

II. — Et cependant, semble-t-il, l'être de l'âme humaine ne peut être communiqué que partiellement au corps; car celui-ci est incapable de le recevoir intégralement, rien de matériel ne pouvant participer à ce qui, dans l'âme, est la source de la vie intellectuelle. N'y a-t-il pas là quelque contradiction? Si l'être intégral de l'âme spirituelle est communiqué à la matière du corps humain, l'intelligence et la volonté, qui découlent de cet être, pourront-elles demeurer dans l'âme seule? Ne devront-elles pas être incorporées, contrairement à leur nature? Et si ce n'est que partiellement que l'âme communique son être, que devient l'indivisibilité de notre âme en son être comme en son essence?

Saint Thomas ne résout peut-être pas complètement cette difficulté, bien qu'il paraisse soutenir que l'âme humaine communique de son être à la matière seulement ce que celle-ci peut en prendre, et qu'elle en garde en elle-même ce que la matière ne saurait recevoir, cette part réservée devant, par la nature même

tamment, n'est pas une machine factice, mais un tout naturel, dont tous les organes ont été engendrés par le développement d'une force intime et vivent d'une vie commune : ils n'ont de raison d'être ce qu'ils sont que comme parties appropriées au tout, et la vie d'ensemble est la cause de la formation particulière de chaque organe. L'âme, principe de la constitution totale, doit être aussi principe de la constitution de chaque partie, à laquelle elle doit communiquer son être comme elle le communique à tout le corps, de manière à faire de la substance humaine en chaque point de l'organisme (1). Mais cet être d'âme spirituelle est éminemment indivisible, en tant qu'actualité d'une essence simple et subsistante. C'est donc bien tout entière que notre âme, par son essence actuellement existante, est dans

(1) Quum enim corpus hominis aut cujuslibet alterius animalis sit quoddam totum naturale, dicetur unum ex eo quod unam formam habeat qua perficitur non solum secundum aggregationem aut compositionem, ut accidit in domo et in aliis hujusmodi. Unde oportet quod quælibet pars hominis et animalis recipiat esse et speciem ab anima sicut a propria forma (Q. disp. *de Anima*, a. 10).

en forme de même les parties, précisément parce que ce tout n'est pas un simple assemblage de parties déjà constituées, mais un sujet existant en lui-même avec toutes ses parties.

Allons plus loin : la forme, principe de l'unité d'être dans le corps, doit être une en elle-même ; où elle est par son essence, elle est tout entière. En détacher une partie, ce serait en changer la nature même : par exemple, l'âme de l'animal, privée de sensibilité et réduite absolument à une forme végétative, ne serait plus qu'une âme de végétal ; l'âme humaine, dépouillée d'intellectualité, serait peut-être un principe de vie animale, mais ne serait plus une âme d'homme.

Donc, par son essence, la forme substantielle est tout entière dans tout le corps et tout entière dans chacune des parties du corps.

Il en est ainsi de toutes les formes de substances, qu'il s'agisse d'un corps inorganique, d'une plante, d'un animal, d'un homme, puisque partout et toujours la forme substantielle est principe de nature spécifique et d'être actuel au corps tout entier qui la possède et à chacune de ses parties. Le corps humain, no-

tielle du corps; l'être qu'elle lui donne, est un être essentiel (1) : l'essence formelle et l'essence matérielle se fondent en une essence mixte, et l'être ou l'actualité de l'essence composée est le résultat de cette fusion.

Or, toutes les parties du corps ainsi formé participent à la même essence, à la même nature, au même être que le corps tout entier : sinon, le tout ne serait pas une même substance, mais seulement un agrégat de substances diverses agglomérées accidentellement, comme un édifice construit de pièces juxtaposées, accolées l'une à l'autre.

La forme substantielle est donc dans chaque partie du corps autant que dans l'ensemble ; elle constitue chacune dans la même espèce que le tout, et c'est en formant le tout qu'elle

---

(1) Non est autem possibile quod aliquid recipiat esse et speciem ab aliquo separato sicut a forma; hoc enim simile esset Platonicorum positioni, qui posuerunt hujusmodi sensibilia recipere esse et speciem per participationem formarum separatarum; sed oportet quod forma sit aliquid ejus cui dat esse. Nam forma et materia sunt principia intrinsecus constituentia essentiam rei (Q. disp. *de Anima*, a. 10).

I

EXISTENCE ESSENTIELLE DE L'AME

I. — Comme toutes les formes substantielles, l'âme humaine est, par son essence, tout entière dans le corps et tout entière dans chaque partie du corps.

II. — L'âme, cependant, ne communique son être au corps que dans la mesure où celui-ci peut le recevoir : l'être de l'âme n'en est pas moins indivisible.

I. — Par son essence, la forme substantielle donne au corps l'être même, la nature spécifique. Elle ne lui fait pas ce don du dehors, par une influence découlant d'une substance séparée, qui serait la forme, sur une autre substance, qui serait le corps ; elle ne s'unit pas à celui-ci par un simple contact de puissance ou vertu active. Mais, le corps ne pouvant pas exister sans sa forme ni sans sa matière, n'étant même pas concevable autrement que composé de ces deux éléments, la forme, autant que la matière, est principe intrinsèque et constitutif de la chose corporelle, est partie essen-

Cette âme, par laquelle nous sommes, quel est son mode d'existence dans le corps qu'elle forme ? Est-elle dans le corps tout entier, et y est-elle tout entière ? Est-elle aussi tout entière, ou partiellement, dans chaque partie du corps ? Ne faut-il pas lui attribuer plusieurs manières d'être dans cet organisme, selon le côté par où on la considère ?

Afin de bien apprécier l'existence de notre âme dans son corps, nous la comparerons à celle des formes inférieures dans les corps qui les possèdent ; et, pour l'âme humaine comme pour les autres formes, nous distinguerons ce qui appartient à l'essence du principe formel et ce qui est relatif aux puissances d'opération.

MODES D'EXISTENCE DE L'AME DANS LE CORPS

INTRODUCTION

L'âme existe dans le corps et par son essence et par ses puissances d'opération : distinction de ces deux modes d'existence.

L'homme est certainement un être complexe, et néanmoins un seul être, formé avec la matière par un principe unique de substance. Sous le nom de substance humaine doivent être compris et le corps humain et l'âme qui le vivifie, sent avec lui et pense sans lui : l'homme n'est pas une âme intelligente se servant d'un corps organisé, c'est un corps existant, vivant et sentant par une âme douée d'intelligence et de raison.

Poursuivons nos recherches et nos réflexions sur notre nature, une et riche tout ensemble.

VIII

MODES D'EXISTENCE DE L'AME DANS LE CORPS

nisme vivant. Enfin, l'âme de l'homme pense et veut sans organe matériel, non sans apporter cependant à sa pensée et à sa volonté le concours extrinsèque d'opérations sensitives qui ont leurs organes dans le corps humain : voilà pourquoi cette âme est forme du corps, mais subsistante néanmoins dans son être propre, qu'elle communique en partie seulement à la matière (1).

(1) Sed considerandum est quod, quanto forma est nobilior, tanto magis dominatur materiæ corporali, et minus ei immergitur, et magis sua operatione vel virtute excedit eam. Unde videmus, quod forma mixti corporis habet aliam operationem, quæ non causatur ex qualitatibus elementaribus. Et quanto magis proceditur in nobilitate formarum, tanto magis invenitur virtus formæ materiam elementarem excedere, sicut anima vegetabilis plus quam forma elementaris, et anima sensibilis plus quam anima vegetabilis. Anima autem humana est ultima in nobilitate formarum : unde intantum sua virtute excedit materiam corporalem, quod habet aliquam operationem et virtutem in qua nullo modo communicat materia corporalis ; et hæc virtus dicitur intellectus (I, q. LXXVI, a. 1).

tellectuelle et volontaire, parce que le corps n'y peut participer; et par là elle montre sa supériorité, son indépendance radicale (1). Ainsi s'achève la série des unions de plus en plus victorieuses de la forme à la matière. D'abord, le principe formel paraît tout absorbé par l'élément matériel; mais peu à peu il en émerge. Saint Thomas pensait que certaines substances mixtes ont quelque vertu que ne peuvent causer les qualités élémentaires. Ce qui est certain, c'est que l'âme des végétaux domine les forces physiques, s'en sert pour son œuvre propre, et, tout en restant exclusivement appliquée au corps, est moins asservie que ces forces à la matière corporelle. L'âme des bêtes est encore moins esclave, puisque dans la sensibilité perceptive et appétitive l'activité physique ne coopère pas directement, mais accessoirement, avec l'activité animale, bien que l'une et l'autre résident dans l'orga-

(1) Humana anima non est forma in materia corporali immersa vel ab ea totaliter comprehensa, propter suam perfectionem; et ideo nihil prohibet aliquam ejus virtutem non esse corporis actum, quamvis anima secundum suam essentiam sit corporis forma (I, q. LXXVI, a. 1, ad 4).

les autres posées, au contraire, dans la matière du corps animé (1).

On peut trouver merveilleuse cette dualité de caractères dans le même principe de vie; mais les faits obligent à affirmer cette merveille. Qui osera dire qu'elle est impossible ? Et qui pourra raisonnablement prétendre que l'âme, toujours subsistante dans son être propre, ne peut communiquer à la matière ce que celle-ci est capable de recevoir? Certes, jamais aucun esprit ne pourra élever la matière jusqu'à l'opération intellectuelle : ce serait une contradiction, puisque l'intelligence opère immatériellement. Mais l'âme spirituelle et faite pour animer un corps déterminera dans l'élément matériel la formation dont il est susceptible, et lui donnera, avec l'être corporel, l'activité physique et la participation aux puissances de végétation et de sensibilité.

Notre âme garde en elle seule sa vitalité in-

---

(1) Est et alia ratio quare anima humana abundat diversitate potentiarum, videlicet quia est in confinio spiritualium et corporalium creaturarum : et ideo concurrunt in ipsa virtutes utrarumque creaturarum (I, q. LXXVII, a. 2).

sont incorporelles; de l'autre, elles sont liées au corps matériel. Et cependant, dans les deux cas, c'est toujours la même âme qui opère. Il faut donc reconnaître que cette âme est un esprit né pour agir avec un corps, et, par conséquent, pour être uni à la matière : son essence n'est donc point celle d'un esprit pur, mais d'une substance spirituelle qui, tout incorporelle qu'elle soit, a une aptitude naturelle à s'incorporer (1). Être ainsi, ce n'est pas avoir deux natures; c'est être d'une nature intermédiaire entre la pure spiritualité et l'essence toute corporelle. L'âme de l'homme est ainsi sur les confins de deux mondes, le monde des esprits et le monde des corps; c'est son degré de perfection, et c'est pour être en mesure d'agir conformément à cette nature complexe, qu'elle est douée de puissances si diverses, dont les unes sont sans attache à la matière et

---

(1) Substantiæ enim spirituales inferiores, scilicet animæ, habent esse affine corpori, inquantum sunt corporum formæ: et ideo ex ipso modo essendi competit eis ut a corporibus et per corpora suam perfectionem intelligibilem consequantur; alioquin frustra corporibus unirentur (I, q. LV, a. 2).

inadmissible ? L'âme est spirituelle ou non, et ce qu'elle est, elle l'est tout entière, sans pouvoir être à la fois de deux natures différentes : or, qui dit être spirituel, dit être incommunicable à la matière corporelle; une âme spirituelle ne peut donc pas être forme d'un corps.

La rigueur de ce raisonnement n'est qu'apparente ; il est facile d'y voir une pétition de principe. Il n'est pas démontré qu'être spirituel doive nécessairement signifier être absolument incommunicable à la matière. Sans doute, nous pouvons concevoir l'esprit pur comme entièrement séparé de tout corps, comme ne pouvant communiquer son être à la matière corporelle. Mais rien ne prouve que l'âme humaine soit un tel pur esprit. Tout au contraire, la même âme a conscience de penser de façon abstraite, spirituellement, et de sentir de façon concrète, corporellement; bien plus, elle a conscience d'abstraire sa pensée des données mêmes que lui fournit sa sensation: elle a donc besoin, pour faire acte d'intelligence, de s'appuyer sur son acte de sentir, qu'elle ne peut faire sans le corps. Manifestement les opérations de cette âme ont un double caractère: d'une part, elles

substance intellectuelle et de la matière corporelle que de la forme du feu et de sa matière, mais peut-être plus une ; car, plus la forme est victorieuse de la matière, plus ce qui se fait d'elle et de la matière est un (1) ».

On insistera peut-être contre cette théorie. L'être de l'âme humaine, dira-t-on, est de nature absolument incorporelle ; il est donc impossible que l'âme le communique, même partiellement, à la matière d'un corps. Aristote et saint Thomas professent que cette âme ne se donne pas tout entière à l'élément matériel, qu'elle conserve à part son intelligence et sa volonté, puissances qui ne sauraient résider dans le corps : il paraît donc que la communication de son être à la matière n'est que partielle. Mais supposer un être d'âme en partie communicable à la matière, en partie non communicable, n'est-ce pas une hypothèse

---

(1) Non autem minus est aliquid unum ex substantia intellectuali et materia corporali quam ex forma ignis et ejus materia, sed forte magis ; quia, quanto forma magis vincit materiam, tanto ex ea et materia magis efficitur unum (*C. Gent.*, lib. II, c. LXVIII).

la matière, l'âme humaine devait cesser d'être maîtresse de son être en le communiquant, elle ne saurait demeurer spirituelle et subsistante en elle-même dans cette incorporation; mais un tel dépouillement n'est point nécessaire pour l'unité substantielle du composé animé. Il suffit que l'être dans lequel ce composé subsiste soit le même pour la matière et pour la forme : or, cet être commun, la matière ne peut le fournir; elle ne peut que le recevoir par la formation; pourquoi donc ne le recevrait-elle pas d'un principe qui a assez d'être pour subsister en lui-même (1)? L'âme humaine ne se perd point en se donnant ; elle assume en sa subsistance propre l'élément matériel et le fait subsister en elle et par elle. Pour justifier l'unité de substance qui en résulte, saint Thomas ne craint pas de dire: « Il ne se fait pas une chose moins une de la

(1) Non autem impeditur substantia intellectualis per hoc quod est subsistens, ut probatum est c. LVI, esse formale principium essendi materiæ ; non est enim inconveniens quod idem sit esse in quo subsistit compositum et forma ipsa, quum compositum non sit nisi per formam, nec seorsum utrumque subsistat (*C. Gent.*, lib. II, c. LXVIII).

la forme même de cet élément potentiel ? L'âme humaine alors ne ferait qu'une chose avec la matière : ne semble-t-il pas qu'on ne pourrait plus dire qu'elle en soit indépendante ? L'objection se résumerait dans ce dilemme : ou l'âme est forme du corps, et alors elle n'est pas spirituelle ; ou l'âme est spirituelle, et alors elle n'est pas forme du corps.

L'objection cependant est fragile. L'âme, sans cesser d'être spirituelle, peut s'imposer à la matière au point de se l'unir en la dominant, et de lui donner l'actualité nécessaire pour que de leur union un seul être composé soit formé. Cette formation est une conquête faite par l'âme, une prise de possession par une victoire, un coup de force naturel par lequel le principe subsistant et actif s'empare de la potentialité matérielle et lui communique ce qu'il faut d'être pour la constitution d'un corps (1). Certes, si, dans son union avec

---

(1) Anima illud esse in quo subsistit, communicat materiæ corporali, ex qua et anima intellectiva fit unum : ita quod illud esse quod est totius compositi, est etiam ipsius animæ ; quod non accidit in aliis formis, quæ non sunt subsistentes (I, q. LXXVI, a. 4, ad 5).

genre animal et à l'espèce raisonnable, il n'en faudrait pas conclure qu'il est animal par une âme et raisonnable par une autre : c'est par la même âme intelligente qu'il est, à la fois, raisonnable et animal, et c'est par la même aussi qu'il est animal et être végétatif, qu'il est végétatif et corps matériel.

II. — Le désir d'unité dans la conception de la nature humaine ne nous a-t-il pas, cependant, entraîné trop loin ? Que devient dans cette théorie, peut-être trop simple, la spiritualité de notre âme, son indépendance radicale à l'égard de la matière ? Si l'âme qui pense est vraiment et absolument dégagée de tout élément matériel, si elle est substance subsistante par elle-même sans matière, comment peut-elle sans déchoir, sans compromettre ce caractère de spiritualité qui est sa marque propre, s'unir à la matière assez intimement pour être

quia hoc invenit commune homini et aliis animalibus, ex hoc rationem generis format ; id vero in quo anima intellectiva sensitivam excedit, accipit quasi formale et completivum, et ex eo format differentiam hominis (I, q. LXXVI, a. 3, ad 4).

caractères plus nobles. Ainsi, de même que la vitalité végétative donne une détermination plus parfaite à la corporéité, qui en est comme un soutien matériel, de même l'animalité perfectionne ce qui est végétatif, et l'intellectualité couronne l'animalité d'une plus haute perfection : chaque degré sert de cette façon comme de matière au perfectionnement qui le complète. Mais n'oublions pas que cette superposition d'étages, dans l'édifice de l'être individuel, n'est qu'une construction de l'esprit : dans la réalité, c'est la même substance qui a, dans son unité foncière, les divers modes d'exister que comporte sa nature; c'est donc le même principe formateur de substance qui est la racine unique de cette multiple perfection (1). De ce que l'homme appartient au

(1) Non oportet secundum diversas ratiopes vel intentiones logicas, quæ consequuntur modum intelligendi, diversitatem in rebus naturalibus accipere; quia ratio unum et idem secundum diversos modos apprehendere potest. Quia igitur, ut dictum est in corp. art., anima intellectiva virtute continet id quod sensitiva habet et adhuc amplius, potest seorsum ratio considerare quod pertinet ad virtutem sensitivæ, quasi quoddam imperfectum et materiale. Et

logie que les espèces d'êtres ont avec les nombres, selon une autre comparaison d'Aristote. Comme le nombre deux contient l'unité et la dépasse, trois contient et dépasse un et deux, quatre enveloppe un, deux et trois, et les dépasse aussi. Semblablement, l'âme raisonnable a en elle-même, sans se diviser au fond, et ce qui fait sentir, et ce qui fait végéter, et ce qui fait être corps, en outrepassant par son intellectualité les principes moins parfaits qu'elle enveloppe dans l'unité de son essence (1).

Rien n'empêche, cependant, de considérer chaque degré d'être comme une préparation, et, dans le même sujet, comme un support sur lequel s'appuient et s'élèvent les degrés supérieurs, et, par conséquent, chaque caractère formel moins parfait comme une sorte d'élément perfectible que viennent compléter les

---

(2) Et ideo Aristoteles, in VIII *Metaph.*, assimilat species rerum numeris, qui differunt specie secundum additionem et subtractionem unitatis ; et in II *de Anima*, comparat diversas animas speciebus figurarum, quarum una continet aliam, sicut pentagonum continet tetragonum et excedit (I, q. LXXVI, a. 3). — Cf. Aristote, Τῶν μετὰ τὰ φυσικά, VII, III (8). — Περὶ ψυχῆς, II, III (6), F. D.

quadrilatère ; et chaque figure, en même temps, dépasse d'un degré celle qui la précède immédiatement. Ainsi, l'âme de la bête a la même énergie que celle de la plante, et une énergie supplémentaire ; l'âme de l'homme a les mêmes vertus que celle de la bête et celle de la plante, et une autre énergie supérieure encore. « Comme donc, conclut saint Thomas, la surface qui a figure de pentagone n'est pas quadrilatère par une figure et pentagone par une autre, car la figure de quadrilatère serait superflue, puisqu'elle est contenue dans le pentagone ; de même, ce n'est pas par une autre âme que Socrate est homme et par une autre qu'il est animal, mais par une seule et même âme (1) ».

On peut encore appliquer aux âmes l'ana-

---

(1) Sic igitur anima intellectiva continet in sua virtute quidquid habet anima sensitiva brutorum et nutritiva plantarum. Sicut ergo superficies quæ habet figuram pentagonam, non per aliam figuram est tetragona, et per aliam pentagona, quia superflueret figura tetragona, ex quo in pentagona continetur; ita nec per aliam animam Socrates est homo, et per aliam animal, sed per unam et eamdem (I, q. LXXVI, a. 3).

que font les formes inférieures, en même temps qu'elle a le pouvoir supérieur de penser; c'est-à-dire qu'elle doit donner à la matière l'actualité tout à fait première avec les degrés d'être plus élevés que la matière peut recevoir, vie végétative, vie sensitive, sans être privée elle-même de l'intelligence, qui est sa propriété spécifique (1).

Saint Thomas adopte une comparaison ingénieuse d'Aristote, pour expliquer cette multiplicité de fonctions essentielles dans le même principe de vie. L'âme est analogue aux figures de géométrie, qui se compliquent de plus en plus, de telle sorte que la suivante contient virtuellement les plus simples qui la précèdent: le triangle contient l'angle, le quadrilatère enveloppe le triangle, le pentagone embrasse le

---

(1) Sicut ex prædictis patet, a. 3 et 4 hujus quæst., forma perfectior virtute continet quidquid est inferiorum formarum ; et ideo una et eadem existens perficit materiam secundum diversos perfectionis gradus. Una enim et eadem forma est per essentiam, per quam homo est ens actu, et per quam est corpus, et per quam est vivum, et per quam est animal, et per quam est homo (I, q. LXXVI, a. 6, ad 1).

Aristote, cependant, ne paraît pas avoir très nettement exprimé que l'âme, pour être l'acte premier du corps, doit pénétrer jusqu'à la matière première et s'unir à elle sans intermédiaire, directement, comme principe d'actualité à principe purement potentiel. Mais saint Thomas a dégagé et mis en pleine lumière ce côté de la doctrine : puisque l'âme est élément de substance et que toute substance est absolument une, il ne peut y avoir dans la matière du corps animé aucune autre forme de substance que l'âme. Il faut donc que celle-ci, dans l'homme, soit capable de faire tout ce

esse actum corporis tantum, sed actum corporis physici organici potentia vitam habentis, et quod talis potentia non abjicit animam. Une manifestum est quod in eo cujus anima dicitur actus, etiam anima includitur, eo modo loquendi quo calor est actus calidi et lumen est actus lucidi, non quod seorsum sit lucidum sine luce, sed quia est lucidum per lucem. Et similiter dicitur quod anima est actus corporis physici organici potentia vitam habentis, quia per animam et est corpus, et est organicum, et est potentia vitam habens Sed actus primus dicitur respectu actus secundi, qui est operatio. Talis enim potentia est non abjiciens, id est non excludens, animam (I, q. LXXVI, a. 4, ad 1).

Mais il ne s'est pas contenté de la répéter ; il l'a expliquée, approfondie, et en a montré la solidité rationnelle.

Quand Aristote dit que l'âme est l'acte d'un corps physique organisé, et ajoute que ce corps a la vie en puissance, il pourrait sembler, au premier abord, que cet acte, qui est l'âme, survient, comme forme accidentelle, à un corps déjà formé substantiellement et possédant une disposition potentielle à la vie que l'âme lui apporte. Saint Thomas fait observer qu'Aristote a eu soin de dire aussi que ce corps, qui a la vie en puissance, ne l'a pas sans l'âme, mais que c'est en possédant l'âme qu'il a cette puissance de vivre : il s'agit donc ici d'une puissance seconde conférée par l'âme elle-même au corps, d'une capacité d'opérer les actes vitaux, comme conséquence de la formation substantielle par un principe de vie, acte premier du composé matériel (1).

---

primo intelligimus, sive dicatur intellectus, sive anima intellectiva, est forma corporis ; et hoc est demonstratio Aristotelis in II *de Anima* (I, q. LXXVI, a. 1).

(1) Dicendum quod Aristoteles non dicit animam

sique ayant en puissance la vie, et cette substance est acte... S'il faut dire quelque chose de commun sur toute âme, ce sera la forme première d'un corps physique organisé... Et ce qui a en puissance la vie, ce n'est pas ce qui est dépourvu de l'âme, mais ce qui la possède (1). »
Remarquons que toute âme, même l'âme pensante, est donnée comme forme et acte d'un corps qui a la vie en puissance, et que l'âme par laquelle nous pensons est aussi celle par laquelle nous sentons et nous vivons de vie végétative.

Saint Thomas a recueilli fidèlement cette doctrine et se l'est appropriée, en avouant à maintes reprises qu'il la tenait d'Aristote (2).

(1) Οὐ γάρ ἐστι τῶν καθ' ὑποκειμένου τὸ σῶμα, μᾶλλον δ'ὡς ὑποκείμενον καὶ ὕλη. Ἀναγκαῖον ἄρα τὴν ψυχὴν οὐσίαν εἶναι ὡς εἶδος σώματος φυσικοῦ δυνάμει ζωὴν ἔχοντος· ἡ δ'οὐσία ἐντελέχεια... Εἰ δή τι κοινὸν ἐπὶ πάσης ψυχῆς δεῖ λέγειν, εἴη ἂν ἐντελέχεια ἡ πρώτη σώματος φυσικοῦ ὀργανικοῦ... Ἔστι δ'οὐ τὸ ἀποβεβληκὸς τὴν ψυχὴν τὸ δυνάμει ὂν ὥστε ζῆν, ἀλλὰ τὸ ἔχον (Περὶ ψυχῆς, II, 1 (4) (6) (10), F. D.).

(2) Anima enim est primum quo nutrimur et sentimus et movemur secundum locum et similiter quo primo intelligimus : hoc ergo principium quo

Aristote avait fermement posé cette doctrine. « L'âme, dit-il, est ce par quoi nous vivons et nous sentons et nous pensons premièrement ; de telle sorte qu'elle est essence et forme, mais non matière et sujet. Car la substance se dit de trois manières, comme nous l'avons vu : il y a la forme et la matière et le composé des deux ; la matière est puissance, tandis que la forme est acte ; et, ce qui est animé étant le composé des deux, ce n'est pas le corps qui est forme de l'âme, mais celle-ci qui est forme d'un certain corps (1). » — « Le corps n'est pas de ces éléments qui sont dans un sujet, mais il est plutôt comme sujet et matière. Il est donc nécessaire que l'âme soit substance comme forme d'un corps phy-

simpliciter; sic enim aliquid est ens quomodo et unum (I, q. LXXVI, a. 1).

(1) Ἡ ψυχὴ δὲ τοῦτο ᾧ ζῶμεν καὶ αἰσθανόμεθα καὶ διανοούμεθα πρώτως, ὥστε λόγος τις ἂν εἴη καὶ εἶδος, ἀλλ' οὐχ ὕλη καὶ τὸ ὑποκείμενον· τριχῶς γὰρ λεγομένης τῆς οὐσίας, καθάπερ εἴπομεν, ὧν τὸ μὲν εἶδος, τὸ δ'ὕλη, τὸ δ'ἐξ ἀμφοῖν· τούτων δ'ἡ μὲν ὕλη δύναμις, τὸ δ'εἶδος ἐντελέχεια· ἐπεὶ δὲ τὸ ἐξ ἀμφοῖν ἔμψυχον, οὐ τὸ σῶμά ἐστιν ἐντελέχεια ψυχῆς, ἀλλ' αὕτη σώματός τινος (Περὶ ψυχῆς, II, II (12) (13), F. D.).

partie essentielle de l'homme, puisqu'il coopère essentiellement à la sensation, que l'homme a conscience d'éprouver en lui-même : donc, la pensée est l'action d'un être essentiellement corporel, et partant l'âme pensante est l'âme même qui forme le corps humain et l'anime. Contre l'hypothèse platonicienne, le dilemme est rigoureux : ou ce n'est pas l'homme qui pense, ou l'homme n'est pas corps ; et, s'il n'est pas corps, ce n'est pas l'homme qui sent, puisque que sentir est opération de corps et d'âme. Supposer, d'ailleurs, que l'homme soit un tout naturel constitué par l'union d'un esprit pensant à un corps, sans que cette union fasse des deux une seule substance, ce serait briser l'unité de l'être humain : le tout serait au moins deux êtres, et non pas un seul (1).

hominis actio. Experitur enim unusquisque seipsum esse qui intelligit (I, q. LXXVI, a. 1).

(1) Si vero Socrates est totum quod componitur ex unioue intellectus ad reliqua quæ sunt Socratis, et tamen intellectus non unitur aliis quæ sunt Socratis nisi sicut motor, sequitur quod Socrates non sit unum simpliciter, et per consequens nec ens

Si donc l'homme, qui pense, est bien un corps animé, il faut que le même principe qui anime le corps humain soit, non seulement végétatif et sensitif, mais, tout ensemble, végétatif, sensitif et doué d'intelligence. Saint Thomas, pour ruiner l'opinion platonicienne qui prétendrait que l'âme intelligente n'est pas la forme, mais le moteur du corps, porte ce défi : « Si quelqu'un veut dire que l'âme intellective n'est pas la forme du corps, il faut qu'il trouve la manière dont cette action, qui est l'acte d'intelligence, serait l'action de cet homme. Chacun, en effet, a l'expérience que c'est lui-même qui fait acte d'intelligence (1) ». Or, rappelons-le, le corps est bien

---

nisi per formam unam, per quam habet res esse : ab eodem enim habet res quod sit ens et quod sit una; et ideo ea quæ denominantur a diversis formis, non sunt unum simpliciter, sicut homo albus. Si igitur homo ab alia forma habeat quod sit animal, scilicet ab anima sensibili, et ab alia quod sit homo, scilicet ab anima rationali, sequeretur quod homo non esset unum simpliciter (I, q. LXXVI. a. 3).

(1) Si quis velit dicere animam intellectivam non esse corporis formam, oportet quod inveniat modum quo ista actio quæ est intelligere, sit hujus

homme, ne serait plus un seul être, mais un groupe de plusieurs êtres animés (1). Pour que plusieurs âmes fussent admises dans la constitution d'un même être humain, il faudrait qu'une seule de ces âmes fût forme substantielle du corps, les autres n'étant que formes accessoires dans le sujet homme, comme plusieurs qualités s'ajoutent à la substance. Le sujet, s'il est un absolument, ne peut être corps par une forme, vivant par une autre, sensitif par une troisième, intelligent par une forme supérieure, à moins que, de ces formes, il n'y en ait qu'une qui forme la substance du corps ; et dans ce cas, les autres n'apporteraient que des caractères accessoires, ce qui est insoutenable, car vivre, sentir et penser sont des actes fondamentaux.

pori, non ut forma, sed ut motor, ut posuit Plato. Nihil enim inconveniens sequitur, si idem mobile a diversis motoribus moveatur, præcipue secundum diversas partes. Sed, si ponamus animam corpori uniri sicut formam, omnino impossibile videtur plures animas per essentiam differentes in uno corpore esse (I, q. LXXVI, a. 3).

(1) Animal non esset simpliciter unum, cujus essent animæ plures. Nihil enim est simpliciter unum

aussi agissant ensemble sur la substance corporelle : ce serait comme une machine où diverses forces motrices donneraient l'impulsion à divers organes. Mais, si l'âme dans l'homme, comme dans les vivants inférieurs, est forme du corps qu'elle anime, principe formateur de la substance corporelle même, il ne peut exister dans le composé humain qu'une seule âme (1).

Dans la même partie du corps, une seule âme est possible, puisqu'une seule forme substantielle est admissible dans une partie de matière; et, si plusieurs âmes se distribuaient en plusieurs organes, chacun de ces organes serait un être animé; alors le composé total, appelé

---

alia forma substantialis per quam corpus ab anima mobile in suo esse constitueretur. Sed si anima intellectiva unitur corpori ut forma substantialis, sicut supra jam diximus, a. 1 hujus quæst., impossibile est quod aliqua alia forma substantialis præter eam inveniatur in homine (I, q. LXXVI, a. 4).

(1) Plato posuit diversas animas esse in corpore uno etiam secundum organa distinctas quibus diversa opera vitæ attribuebat, dicens vim nutritivam esse in hepate, concupiscibilem in corde, cognoscitivam in cerebro.. Opinio autem Platonis sustineri utique posset, si poneretur quod anima unitur cor-

bien que l'âme sensitive pour former la plante, et l'âme animale pour former la bête. Et, comme un être n'a qu'une forme substantielle, l'âme raisonnable, dans l'homme, est nécessairement, tout à la fois, la forme du corps et l'unique principe fondamental de la vie végétative, de la vie sensitive et des opérations intellectuelles (1).

La solution des deux problèmes, union de l'âme et du corps, et unité de l'âme, est connexe. Si, comme paraît l'avoir pensé Platon, l'âme était, non pas la forme, mais seulement le moteur du corps, il pourrait y avoir plusieurs âmes dans le même corps, plusieurs moteurs pouvant s'appliquer au même mobile; cette multiplicité serait surtout possible, si chaque âme s'employait à mouvoir une partie distincte de l'organisme. Dans ce cas, l'homme ne serait qu'une collection de substances associées ensemble, le corps substance complète étant soumis aux âmes, substances complètes

---

(1) Si poneretur anima intellectiva non uniri corpori ut forma, sed solum ut motor, ut Platonici posuerunt, necesse esset dicere quod in homine esset

l'homme (1) ». Nous l'avons prouvé, dans la sensation le corps ne fait qu'un avec l'âme ; or, la conscience atteste que c'est par sa même âme que l'homme sent et pense, puisqu'il se perçoit le même sentant et pensant : donc, l'âme par laquelle il pense, l'âme intellective et raisonnable, est un seul être avec le corps de l'homme.

L'âme, cependant, n'est pas corps ; elle est immatérielle, mais elle est forme, et forme de la substance humaine. Puisque donc, par l'unité de l'être humain, le corps matériel est un seul composé substantiel avec l'âme pensante, c'est que celle-ci est la forme substantielle du corps (2).

L'âme humaine doit, par conséquent, être unie directement et sans intermédiaire à la matière première pour former l'homme, aussi

---

(1) Ipse idem homo est qui percipit se intelligere et sentire. Sentire autem non est sine corpore. Unde oportet corpus aliquam esse hominis partem (I, q. LXXVI, a. 1).

(2) Sic ergo ipsa operatione intellectus apparet quod intellectivum principium unitur corpori ut forma (I, q. LXXVI, a. 1).

Est-il besoin de démontrer que l'homme est un seul être, c'est-à-dire que, comme l'animal inintelligent, il est un composé substantiel et absolument un ? Saint Thomas, d'un regard simple et droit, voit de suite que l'homme, autant que l'animal, est une chose sensible et physique, et qu'il naît dans l'univers, non comme une collection de substances, mais comme une substance unique ; que, par conséquent, le corps est, autant que l'âme, partie essentielle de cet être un qui est l'homme (1).

Mais saint Thomas fait aussi appel à la conscience pour montrer cette unité humaine. « C'est le même homme, dit-il, qui se perçoit lui-même faire acte d'intelligence et de sensibilité. Or, sentir n'est pas sans le corps. Donc, il faut que le corps soit une partie de

---

(1) Animal enim et homo sunt quædam sensibilia et naturalia. Hoc autem non esset, si corpus et ejus partes non essent de essentia hominis et animalis, sed tota essentia utriusque esset anima, secundum positionem prædictam ; anima enim non est aliquid sensibile neque materiale. Impossibile est igitur hominem et animal esse animam utentem corpore, non autem aliquid ex anima et corpore compositum. (*C. Gent.*, lib. II, c. LVII).

II

L'HOMME

I. — L'âme humaine est la forme substantielle du corps humain. Elle est unie immédiatement à la matière première pour former l'homme, substance composée. Elle est la seule forme substantielle, la seule âme, de l'homme. Elle est, tout à la fois, principe de formation du corps, de vie végétative, de vie sensitive et de vie intellectuelle.

II. — Réfutation d'objections contre cette théorie : elle n'est pas contradictoire avec la spiritualité de l'âme.

I. — L'homme contient, dans sa nature complexe, les natures inférieures et les dépasse par l'intellectualité de son âme. Mais il n'en est pas moins un seul être à la fois corporel, vivant, sentant et raisonnable. Il est donc constitué avec la matière première par une seule forme substantielle, principe de vie, de sensation et de raison.

vie animale qui lui-même a le pouvoir de convertir l'aliment en partie vivante de l'animal qui le digère, il le fait en s'imposant comme seul principe formateur à la matière de cet aliment. C'est la même âme qui, toute sensitive qu'elle est, a aussi la puissance de faire croître le corps de la bête et celle d'engendrer un animal de même espèce, comme elle est la source interne, dans le sujet qu'elle vivifie, des qualités et de l'activité de l'ordre purement physique, consistance de la chair et des os, par exemple. L'âme de la plante est la cause profonde, non seulement de toutes les facultés végétatives, mais encore et simultanément de tous les caractères du corps végétal, par exemple de la dureté ou de la souplesse de ses tissus, qu'elle forme avec la matière.

En conséquence, quand l'arbre ou la bête meurent, il n'y a pas seulement extinction de vie dans une substance matérielle qui dans sa base ne changerait pas, mais corruption entière de la substance, celle-ci perdant sa forme substantielle, qui est remplacée dans la matière individuelle par quelque autre principe formel.

des perfectionnements que prend la matière (1). Les inférieures précèdent les formes plus nobles, car la plante se nourrit de corps bruts qu'elle s'assimile, et l'animal se nourrit de végétaux ; mais, dans l'assimiliation nutritive, la forme substantielle de l'aliment cède sa place à la forme du sujet qui absorbe la nourriture, et ainsi ce qui alimente l'être devient avec cet être une même substance (2). Par cette transformation, le genre moins parfait d'existence ne se perd pas ; il est seulement produit par l'âme de l'individu qui se nourrit, cette âme étant capable de produire les perfections inférieures comme la perfection qui lui est particulière. C'est donc le principe de

(1) In materia considerantur diversi gradus perfectionis, sicut esse, vivere, sentire et intelligere. Semper autem secundum superveniens priori perfectius est ; forma ergo quæ dat solum primum gradum perfectionis materiæ, est imperfectissima ; sed forma quæ dat primum et secundum et tertium, et sic deinceps, est perfectissima, et tamen materiæ immediata (I, q. LXXVI, a. 4, ad 3).

(2) Nutrimentum enim convertitur in substantiam nutriti... Alimentum autem est in potentia ad id quod alitur ; convertitur enim in ipsum (in II *de Anima*, lect. IX).

et non pas un de façon relative, ne peut avoir en lui qu'un principe constitutif de sa substantielle unité. Or, plus parfaite encore que la végétation, la sensibilité n'est pas un accessoire, une qualité accidentelle ; elle élève la bête à un degré supérieur d'existence et d'activité, elle la perfectionne dans le fond et non pas seulement à la surface, elle en fait une substance autre et plus noble que le végétal. Le principe de vie animale est donc forme substantielle ; et, puisque dans l'animal comme en tout être il ne peut y avoir qu'une forme substantielle, l'âme de la bête doit, à elle seule, jouer le rôle et de principe végétatif, car l'animal végète aussi, et de principe formateur de substance corporelle, car l'animal est corps, en même temps que cette âme est principe de vie sensitive. Ici encore, l'âme doit ne faire qu'un, immédiatement, avec la matière première, et de la potentialité de cet élément matériel faire naître et la corporéité et l'existence végétative et l'animalité, tout cela par une énergie multiple qu'elle possède dans son actualité unique.

On le voit, toute forme supérieure a les vertus des formes qui sont au-dessous dans la série

Pour qu'il y ait ainsi unité de forme dans la plante, son âme doit nécessairement être capable de faire, à elle seule, ce que feraient deux principes, l'un de substantialité corporelle, l'autre de substantialité vitale ; se substituant à la première forme, elle doit la remplacer dans l'œuvre primitive et posséder toute l'énergie de ce principe, en même temps que sa propre énergie. Elle doit, par elle-même, conférer à la matière l'actualité tout à fait initiale, la constituer en corps étendu et doué des forces physiques et chimiques, comme par elle-même elle lui confère l'être de vie et l'activité végétative. Si elle fait tout cela par elle-même, c'est qu'elle est unie sans intermédiaire, comme acte à puissance, à la matière première ; c'est qu'il n'y a, dans la composition de la substance végétale, que deux éléments, matière purement potentielle et âme déterminante. C'est la seule hypothèse rationnelle, si l'on veut que la plante soit vraiment un seul être.

De même, l'animal, s'il est absolument un,

---

ejus adventum dicitur aliquid simpliciter generari et per ejus recessum simpliciter corrumpi (I, q. LXXVI, a. 4).

matière une première substance, que la forme vitale couronne d'une substantialité plus parfaite ? Certes, il est vrai que, pour devenir vivant, un corps doit avoir premièrement une existence substantielle ; mais il ne peut être deux substances à la fois : ou bien, donc, la vie n'est pour lui qu'une perfection accidentelle ; ou bien il faut que, devenant substance vivante, il cesse d'être substance simplement corporelle et soit fait substance unique à caractère mixte, corporelle et vivante à la fois. Mais la vie végétative a des opérations trop fondamentales, nutrition, croissance et génération, pour n'être qu'un accessoire : donc, le végétal vivant est une seule substance transformée et, par conséquent, n'a qu'une seule forme substantielle (1).

(1) Forma substantialis in hoc a forma accidentali differt, quia forma accidentalis non dat esse simpliciter, sed esse tale : sicut calor facit suum subjectum non simpliciter esse, sed esse calidum. Et ideo, quum advenit forma accidentalis, non dicitur aliquid fieri vel generari simpliciter, sed fieri tale aut aliquo modo se habens. Et similiter, quum recedit forma accidentalis, non dicitur aliquid corrumpi simpliciter, sed secundum quid. Forma autem substantialis dat esse simpliciter ; et ideo per

paré et appelé la suite. L'étendue, la quantité matérielle sont suscitées dans le composé par son principe formateur resté seul, bien qu'elles soient comme le résultat de l'étendue et de la quantité apportées par les corps entrés en combinaison. La nature prélude ainsi et s'essaie à un genre de transformation, dont elle offrira ensuite des exemples plus riches et plus compliqués.

Dans le végétal, se rencontrent déjà en apparence deux formes, l'une complétant l'autre : la plante est corps, en outre elle est vivante ; et, puisque les corps ne sont pas tous vivants, n'est-il pas nécessaire qu'un principe de vie s'ajoute au principe de formation corporelle pour que le végétal soit formé? Le principe de corporéité prépare le terrain où vient s'établir le principe de vitalité: celui-ci ne se superpose-t-il pas à celui-là, de telle sorte que les deux se trouvent ensemble dans la constitution achevée de ce qui végète? La vie ne détruit pas ce qui est corps, mais au contraire à ce qui est corps donne, en outre, de vivre : la forme qui fait le corps ne doit-elle pas rester au-dessous de celle qui apporte la vie, pour la soutenir, pour lui fournir avec la première. Celle-ci a naturellement capacité potentielle d'être formée en corps brut, en corps vivant, en corps sensitif; elle prend, par création primitive ou dans l'évolution successive des choses, sous l'influence directe de la toute-puissance divine qui réalise une possibilité idéale, ou sous l'action des forces naturelles, une des formes qui lui sont destinées et pour lesquelles elle est faite: c'est simple, c'est un acte qui paraît aisé.

Il faut bien voir, cependant, l'importance de l'unité de forme substantielle dans la constitution de ces êtres.

Dans le corps inorganique, la complexité est moindre que chez les vivants. La combinaison de plusieurs corps simples donne naissance à un corps mixte où une forme substantielle unique a remplacé les formes substantielles des composants, si le composé est vraiment une substance nouvelle; les propriétés de ce corps nouveau lui sont données immédiatement par son unique forme de substance, et cependant elles ont une sorte de parenté avec les qualités des composants, parce que, dans l'évolution naturelle, ce qui suit se ressent ordinairement de ce qui précède, de ce qui a pré-

forme, après le premier principe, venait s'ajouter à la constitution du sujet, ce ne pourrait être qu'une forme, non pas substantielle, mais accidentelle, c'est-à-dire accessoire, bien que cette forme accessoire pût dériver des principes essentiels de la substance, comme les puissances actives, qui sont une conséquence naturelle de la formation primitive.

II. — Dans les substances inférieures à l'homme, l'union de la forme substantielle et de la matière est assez facile à saisir. Dans ces composés, le principe formel n'a pas d'être qui lui appartienne en propre ; il n'existe pas en lui-même, il n'est pas subsistant, il fait seulement subsister le tout naturel: l'unité de ce composé est sans difficulté la conséquence de l'union d'une seule forme de substance, directement et immédiatement, avec la matière

medio ; per se enim competit formæ quod sit actus corporis, et non per aliquid aliud : unde nec est aliquid unum faciens ex materia et forma, nisi agens quod potentiam reducit in actum, ut probat Aristoteles, *Metaphys.* VII ; nam materia et forma se habent ut potentia et actus (*C. Gent.*, lib. II, c. LXXI).

quérir aucun élément de substantialité (1).

Ajoutons que la forme substantielle doit être unie directement et immédiatement à la matière première : entre ces deux éléments point d'intermédiaire possible. La matière est, dans le sujet, la première potentialité, et le premier acte qui la détermine est l'acte d'être ; donc, le premier principe interne qui l'actualise est celui qui tout d'abord la fait être, c'est-à-dire la forme substantielle, car c'est la première fonction de celle-ci de donner l'être initial, l'être actuel de substance. Si l'on supposait un principe intermédiaire qui avant la forme substantielle donnât la première actualité, l'acte d'être, à la matière, celle-ci serait, par ce premier principe, constituée en sujet subsistant, c'est-à-dire en substance, et la forme substantielle ne serait plus nécessaire (2). Si une

---

(1) Non enim sunt diversæ formæ substantiales in uno et eodem... : quia, si prima forma faceret esse substantiam, sequentes formæ jam advenirent ei quod est hoc aliquid in actu et subsistens in natura, et sic posteriores formæ non facerent hoc aliquid, sed essent in subjecto quod est hoc aliquid sicut formæ accidentales (*C. Gent.*, lib. IV, c. LXXXI).

(2) Forma autem unitur materiæ absque omni

lement la substance matérielle, qu'ils aient unité d'être, comme ils font ensemble une seule substance; et, puisque la matière a besoin de recevoir l'être, c'est la forme qui doit lui apporter, à la fois, l'être substantiel et l'unité substantielle (1).

Il s'ensuit qu'une chose ne peut avoir qu'une seule forme substantielle. En effet, dès que la matière a pris une forme de substance, le tout substantiel est achevé dans l'être et l'unité qui lui appartiennent fondamentalement ; il subsiste, il a son intégralité foncière, et toute forme qui lui surviendrait ne pourrait que lui fournir de l'être accessoire, et non plus substantiel : substance complète, il n'a plus à ac-

---

(1) Ad hoc enim quod aliquid sit forma substantialis alterius, duo requiruntur. Quorum unum est ut forma sit principium essendi substantialiter ei cujus est forma; principium autem dico non effectivum, sed formale, quo aliquid est et denominatur ens. Unde sequitur aliud, scilicet quod forma et materia conveniant in uno esse ; quod non contingit de principio effectivo cum eo cui dat esse ; et hoc esse est in quo subsistit substantia composita, quæ est una secundum esse ex materia et forma constans (*C. Gent*, lib. II, c. LXVIII).

qu'elle est. Si à une substance qui a l'être il fallait encore quelque élément qui lui donnât l'unité, pourquoi ne pas supposer qu'il faudrait à celui-ci un autre élément encore pour le faire un, et ainsi de suite indéfiniment? Arrêtons-nous donc dès le début, et posons que l'unité n'ajoute rien à l'être, mais que ce qui est, par cela seul qu'il est et tant qu'il est, ne peut pas ne pas être un (1).

Or, nous appelons forme substantielle d'une chose le principe intrinsèque et formel de l'être substantiel dans cette chose. Dans les substances composées de matière et de forme, ce qui est substantiel a deux éléments constitutifs, la matière, élément potentiel, susceptible de recevoir une actualité d'être, et la forme, élément qui donne à la matière une telle actualité dans l'ordre de substance. Il faut donc, pour que ces deux éléments composent actuel-

---

(1) Quælibet res est una per suam substantiam. Si enim per aliquid aliud esset una quælibet res, quum illud iterum sit unum, si esset iterum unum per aliquid aliud, esset abire in infinitum. Unde standum est in primo. Sic igitur dicendum est quod unum quod convertitur cum ente non addit aliquam rem supra ens (I, q. XI, a. 1, ad 1).

I

LES SUBSTANCES INFÉRIEURES

I. — La forme substantielle donne l'unité avec l'être à la substance composée de matière et de forme. — Une substance ne peut avoir qu'une seule forme substantielle ; cette forme est unie immédiatement à la matière première pour constituer la substance composée.

II. — Union de la forme et de la matière et unité de forme dans le corps inorganique, dans le végétal, dans l'animal. — Toute forme supérieure possède, outre ses vertus propres, les vertus des formes inférieures.

I. — La loi qu'il faut toujours avoir présente à l'esprit, en face des difficultés qu'offre l'union des formes substantielles et de la matière, c'est que l'être d'une substance doit avoir une rigoureuse unité.

A vrai dire, cette unité est identique à la substance même ; c'est par sa substance qu'une chose est une, comme c'est par sa substance

Nous devons répondre à ces questions et appliquer nos réponses au corps brut, à la plante, à l'animal, enfin à l'homme, pour développer la théorie d'Aristote et de saint Thomas, au moyen de laquelle nous avons entrepris d'expliquer la nature humaine et d'en marquer la place dans l'univers.

Notre âme est spirituelle, indépendante et séparable de la matière : comment peut-elle être unie assez étroitement à cette matière pour former un seul être, l'être humain ? Il semble qu'il y ait là quelque contradiction ; du moins, c'est un problème à résoudre, qui mérite une attention soutenue, et dont saint Thomas a donné une solution nette et profonde.

UNION DES FORMES SUBSTANTIELLES ET DE LA MATIÈRE

INTRODUCTION

L'explication de la nature humaine exige la solution de ce problème : comment les formes substantielles sont-elles unies à la matière ?

Pour la constitution d'un être corporel, il faut qu'une forme substantielle soit unie à la matière.

Quel est le caractère de cette union ? Est-ce une juxtaposition de principes faits pour collaborer ensemble ? Ou bien une association plus intime ? Et si l'intimité doit être aussi étroite que possible, quelles en sont les conséquences au point de vue de la constitution même de l'être ?

VII

UNION
DES FORMES SUBSTANTIELLES
ET DE LA MATIÈRE

Comme l'âme humaine, par son immortalité, s'approche de l'éternel, de même elle vient directement de l'éternel par son origine; et la raison de ce double privilège est son intellectuelle spiritualité.

advenire (I, q. cxviii, a. 2) — Λείπεται δὲ τὸν νοῦν μόνον θύραθεν ἐπεισιέναι καὶ θεῖον εἶναι μόνον· οὐθὲν γάρ αὐτοῦ τῇ ἐνεργείᾳ κοινωνεῖ σωματικὴ ἐνέργεια (Περὶ ζῴων γενέσεως, II, III, 51, F. D.).

certes autoriser à dire que l'âme humaine soit de la substance de Dieu (1).

Aristote appelle divin l'intellect et divine l'âme intellective; mais, pour lui comme pour nous, ce n'est là qu'une divinité par analogie: néanmoins, elle lui paraît, comme à nous, suffire pour exiger que ce qui est intellectuel dans l'homme vienne du dehors dans le cours de la génération. Saint Thomas rappelle qu'Aristote avait déjà posé cette conclusion dans le *Traité de la Génération des animaux*, où le philosophe grec énonçait cette proposition remarquable : « En définitive, l'intellect seul arrive du dehors et seul il est divin : en effet, à son énergie ne participe nullement l'énergie corporelle (2). »

(1) Ut enim ex dictis patet, q. LXXIV a. 4 et q. LXXXIV a. 6 et 7; anima humana est quandoque intelligens in potentia, et scientiam quodammodo a rebus acquirit, et habet diversas potentias; quæ omnia aliena sunt a Dei natura, qui est actus purus, et nihil ab alio accipiens, et nullam in se diversitatem habens, ut supra probatum est, q. III a. 7 et q. XII a. 1... Unde manifesto falsum est animam esse de substantia Dei (I, q. XC, a. 1).

(2) Et ideo Philosophus, in lib. II *de Gener. animal.*, dicit : *Relinquitur intellectum solum de foris*

assez puissant pour lui donner l'être (1). Dieu est l'être par soi ; mais tout ce qui n'est pas Dieu a l'être par participation : voilà pourquoi Dieu seul peut créer de l'être.

Pour échapper à la nécessité d'une création rigoureuse, il serait absurde de supposer que l'âme est divine comme ayant en elle quelque chose de la substance même de Dieu. Entre la nature de l'âme et celle de Dieu la disproportion est infinie : Dieu est tout acte, toute perfection, essentiellement et par soi ; l'âme est manifestement imparfaite et a besoin d'acquérir ce qui la perfectionne ; pour cette acquisition, il lui faut compléter ses diverses capacités natives, tandis que Dieu est simplement, purement, dans une immuable éternité, toute actualité parfaite. S'il est vrai que notre âme ressemble à Dieu, cette ressemblance n'est qu'une analogie lointaine, qui ne peut

---

(1) Solus autem Deus potest creare, quia solius primi agentis est agere nullo præsupposito... Et quia anima rationalis non potest produci per transmutationem alicujus materiæ, ideo non potest produci nisi a Deo immediate (I, q. xc, a. 3).

suite des choses, l'intervention d'une puissance toute spirituelle.

Mais ne semble-t-il pas que l'âme des parents, âme spirituelle elle-même, suffise pour opérer cette génération d'âme spirituelle? L'âme de l'enfant serait alors fille des âmes du père et de la mère, au moins de l'âme de l'un d'eux : ne serait-ce point et admirable et proportionné à la grandeur morale de la famille et à la destinée humaine?

Illusion, cependant. Ce qu'il s'agit de produire, c'est une âme subsistante, et, comme il n'y a rien au dehors de quoi elle puisse être faite et qu'elle ne peut être détachée de l'âme simple des parents, il faut qu'elle soit créée de rien au sens rigoureux (1). Or, Dieu seul peut créer ainsi : donc, c'est Dieu qui doit intervenir pour faire l'âme humaine, et lui seul est

---

(1) Anima autem rationalis est forma subsistens, ut supra habitum est, unde ipsi proprie competit esse et fieri. Et quia non potest fieri ex materia præjacente, neque corporali, quia sic esset naturæ corporeæ, neque spirituali, quia sic substantiæ spirituales invicem transmutarentur, necesse est dicere quod non fiat nisi per creationem (I, q. xc, a. 2). — Cf. I, q. cxviii, a. 2.

être engendrée dans le corps et avec le corps par un action corporelle, une forme subsistante en elle-même, à cause de son indépendance, ne peut être produite par une génération où le corps travaille directement. L'action d'un corps, même d'un corps animé, ne saurait rien amener à l'être qu'en transformant une matière préexistante et en faisant ainsi un composé matériel. L'âme humaine, n'étant pas composée de matière, ne peut ainsi être faite, et elle ne peut non plus venir à l'existence comme partie d'un tel composé par un simple mouvement de génération corporelle, parce que l'existence appartient en propre à cette âme et ne peut être l'effet, même accessoire, d'une action transformatrice de matière (1). Il faut donc, pour qu'une âme d'homme arrive et prenne sa place dans la

---

(1) Actum extrahi de potentia materiæ nihil aliud est quam aliquid fieri in actu quod prius erat in potentia. Sed quia anima rationalis non habet esse suum dependens a materia corporali, sed habet esse subsistens et excedit capacitatem materiæ corporalis, ut supra dictum est, q. LXXV a. 2, propterea non educitur de potentia materiæ (I, q. XC, a. 2, ad 2).

comme de l'autre Aristote a dit plus haut qu'il est séparé »; nous avons dit séparable, mais le sens est le même, à savoir : indépendant de l'organisme corporel (1).

Cette discussion attentive nous permet de conclure avec saint Thomas qu'Aristote avait affirmé l'immortalité, comme la spiritualité, de l'entendement humain et, par conséquent, de l'âme intellective qui en est la substance.

II. — L'origine de l'âme humaine, autant que sa durée, doit être digne de sa nature spirituelle.

Si une forme dépendante de la matière peut

---

(1) Dicit ergo primo quod solus intellectus separatus est hoc quod vere est. Quod quidem non potest intelligi neque de intellectu agente neque de intellectu possibili tantum, sed de utroque, quia de utroque supra dixit quod est separatus. Et patet quod hic loquitur de tota parte intellectiva; quæ quidem dicitur separata, ex hoc quod habet operationem suam sine organo corporali. Et quia in principio hujus libri dixit quod, si aliqua operatio animæ sit propria, contingit animam separari, concludit quod hæc sola pars animæ, scilicet intellectiva, est incorruptibilis et perpetua (in III *de Anima*, lect. x). — (*C. Gent.*, lib. II, c. LXXVIII).

c'est de celui-ci qu'Aristote dit : « Il est séparable, tandis que ce qui est sensitif n'est pas sans corps (1) ». Donc, cette expression « séparable » ne signifie pas une substance séparée de l'âme, mais simplement une puissance de l'âme, indépendante du corps. Il ne faut donc pas lui donner un autre sens, lorsqu'Aristote l'applique à *l'intellect agent* et dit : « Cet intellect est séparable et impassible et non mélangé, étant en acte par sa substance (2) ». Quant à cette déclaration d'Aristote : « Celui qui est séparé est seulement ce qui est, et cela seulement est immortel et perpétuel (3) », saint Thomas l'entend de toute la partie intellective de l'âme, comprenant à la fois *l'intellect agent* et *l'intellect possible* mis en acte par *l'intellect agent*, et la raison qu'il donne de son interprétation est à remarquer. « Cela ne peut s'entendre, dit-il, ni seulement de *l'intellect agent*, ni seulement de *l'intellect possible*, mais de l'un et de l'autre, puisque de l'un

---

(1) Περὶ ψυχῆς, III, iv (5), F. D.
(2) Περὶ ψυχῆς, III, v (1), F. D.
(3) Περὶ ψυχῆς, III, v (2), F. D.

animés se distinguent des êtres inanimés, « intellect, sens, mouvement et station selon le lieu, et encore mouvement selon la nutrition, augmentation et décroissance (1) ». Il le désigne ailleurs comme « la partie de l'âme par laquelle l'âme connaît et pense », et il ajoute: « Ce que nous avons appelé l'intellect de l'âme (je veux dire l'intellect par lequel l'âme raisonne et prend un avis) n'est en acte aucun des êtres avant de penser » ; ce qui s'applique certainement à *l'intellect possible* (2). Or,

---

(1) In secundo *de Anima* intellectum numerat inter potentias animæ... Non est igitur intellectus extra animam humanam, sed est quædam potentia ejus (*C. Gent.*, lib. II, c. LXI). — Cf. Περὶ ψυχῆς, II, ιι (2), F. D.

(2) In tertio *de Anima*, incipiens loqui de intellectu possibili, nominat eum partem animæ, dicens : « De parte autem animæ qua cognoscit anima et sapit » ; in quo manifeste ostendit quod intellectus possibilis sit aliquid animæ. — Adhuc autem manifestius, per id quod postea subjungit, declarat naturam intellectus possibilis, dicens : « Dico autem intellectum quo opinatur et intelligit anima » ; in quo manifeste ostenditur intellectum esse aliquid animæ humanæ, quo anima humana intelligit (*C. Gent.*, lib. II, c. LXI). — Cf. Περὶ ψυχῆς, III, IV (1 (3), F. D.

cient. Si donc ce sont deux différences dans l'âme même, c'est que l'un et l'autre sont quelque chose de l'âme, et non pas quelque substance séparée d'elle (1). Du reste, Aristote compte expressément l'intellect au nombre des puissances de vie par lesquelles les êtres

(1) Dicit enim primo, *de Anima* III, quod, sicut in omni natura est aliquid quasi materia in unoquoque genere (et hoc est in potentia ad omnia quæ sunt illius generis), et aliquid quasi efficiens, quod facit omnia quæ sunt illius generis, sicut se habet ars ad materiam, necesse est et in anima esse has differentias ; et hujusmodi quidem, scilicet : quod in anima est sicut materia, est intellectus possibilis, in quo fiunt omnia intelligibilia ; ille vero qui in anima est sicut efficiens causa, est intellectus quo est omnia facere, scilicet intelligibilia in actu, id est intellectus agens, qui est sicut habitus, et non sicut potentia... Ex his autem manifeste habetur quod intellectus agens non sit substantia separata, sed magis aliquid animæ ; expresse enim dicit quod intellectus possibilis et agens sunt differentiæ animæ, et quod sunt in anima ; neutra ergo earum est substantia separata (*C. Gent.*, lib. II, c. LXXVIII). — Ἀνάγκη καὶ ἐν τῇ ψυχῇ ὑπάρχειν ταύτας τὰς διαφοράς. Καὶ ἔστιν ὁ μὲν τοιοῦτος νοῦς τῷ πάντα γίνεσθαι, ὁ δὲ τῷ πάντα ποιεῖν, ὡς ἕξις τις (Περὶ ψυχῆς, III, v (1), F. D.).

« L'intellect paraît être en nous comme une substance, et ne pas se corrompre ». Et, pour réfuter certaines interprétations erronées, il fait voir que cet intellect, d'après Aristote, n'est pas une substance séparée de l'âme humaine et qui serait associée à celle-ci, soit comme *intellect agent*, soit aussi comme *intellect possible*, c'est-à-dire ou bien sous la première de ces deux formes aristotéliciennes de l'entendement, comme l'avaient pensé Alexandre d'Aphrodisée et Avicenne, ou sous toutes les deux à la fois, selon l'opinion d'Averroès (1).

En effet, dans la théorie d'Aristote, ces deux intellects existent parce qu' « il faut qu'il y ait dans l'âme ces deux différences », comme dans toute la nature se trouvent, en chaque genre, et un principe potentiel et un principe effi-

---

(1) Hoc etiam apparet per auctoritatem Aristotelis ; dicit enim, *de Anima* I, quod « intellectus videtur quædam substantia esse, et non corrumpi »: quod autem hoc non possit intelligi de aliqua substantia separata quæ sit intellectus possibilis vel agens, ex præmissis haberi potest (*C. Gent.*, lib. II, c. LXXIX). — Ὁ δὲ νοῦς ἔοικεν ἐγγίνεσθαι οὐσία τις οὖσα, καὶ οὐ φθείρεσθαι (Περὶ ψυχῆς, I, IV (13), F. D).

cience sera un encouragement à renouveler la faute jusqu'à l'anéantissement du sens moral.

La privation du bonheur final ne saurait être non plus une punition suffisante ; car la volonté peut s'être tellement détournée de cette fin dernière qu'elle y demeure indifférente, ne se soucie plus d'y parvenir et ne s'inquiète plus à la pensée d'en être exclue (1). Il faut donc que l'âme soit, après la mort, positivement punie ou positivement récompensée, pour que la justice soit sauvegardée, et, par conséquent, il faut que l'âme soit immortelle.

Saint Thomas ne se contente pas de démontrer l'immortalité de l'âme par de bonnes raisons ; il confirme aussi cette vérité par l'autorité d'Aristote, dont il cite cette parole :

---

(1) Pœnæ inferuntur pro culpis ut timore pœnarum homines a peccatis retrahantur, ut supra dictum est. Nullus autem timet amittere id quod non desiderat adipisci : qui ergo habent voluntatem aversam ab ultimo fine, non timent excludi ab illo. Non ergo per solam exclusionem ab ultimo fine a peccando revocarentur. Oportet igitur peccantibus aliam pœnam adhiberi, quam timeant peccantes (*C. Gent.*, lib. III, c. CXLV).

sa première vie, n'a pas reçu sa récompense ou son châtiment (1) ?

Et qu'on ne réponde point que la paix de la conscience et le remords sont suffisants pour rétablir, par un redressement intérieur, l'ordre troublé en apparence. Certes, la tranquille satisfaction de bien faire est une incomparable consolation ; mais la souffrance physique et morale du juste appelle une compensation plus directe et plus complète. Quant au remords, si c'est une peine terrible, il n'en est pas moins vrai qu'il diminue à mesure que les crimes se répètent et s'augmentent, au point que les plus grands coupables peuvent en arriver à commettre le mal sans remords: supprimez l'immortalité, l'espoir d'acquérir cette incons-

(1) Ex divina providentia peccantibus pœna debetur et bene agentibus præmium. In hac autem vita homines, ex anima et corpore compositi, peccant vel recte agunt. Debetur igitur hominibus, et secundum animam et secundum corpus, præmium vel pœna. Manifestum est autem quod in hac vita præmium ultimæ felicitatis consequi non possunt, ex his quæ ostensa sunt ; multoties etiam peccata in hac vita non puniuntur; quinimo, ut dicitur: *Quare ergo impii vivunt, sublevati sunt confortatique divitiis ?* (*Job*, xxi, 7) (*C. Gent.*, lib. IV, c. lxxix).

plus elle-même ; où l'âme aussi, parce qu'elle commande au corps et l'asservit à son empire, est présentée comme très conforme à l'immortel divin, à ce qui est intelligible, simple, indissoluble, invariable et toujours identique, et le corps comme très conforme à ce qui est mortel, sensible, composé, dissoluble et toujours changeant (1).

Enfin, l'âme de l'homme a l'amour de la justice, et une injustice définitive, sans réparation, lui paraît un désordre intolérable pour la raison éternelle. Or, il est trop visible que la vie présente est semée d'injustices, qui crient vengeance et cependant restent impunies : les plus vicieux sont trop souvent les maîtres et tiennent les plus vertueux sous le joug ; l'honnête homme souffre et reste impuissant, tandis que l'impie corrompu triomphe. Comment excuser Dieu, si tout finit à la mort? Sans doute, en rigueur, il ne nous doit rien ; mais ne se doit-il pas à lui-même, ne doit-il pas à sa sagesse de faire vivre après la mort, pour la dédommager ou la punir, l'âme qui, dans

---

(1) *Phédon*, XXVII, XXVIII.

Cette preuve de l'immortalité est comme un reflet du *Phédon* de Platon, où Socrate attribue à l'âme humaine une sorte de parenté avec ce qui est tout pur, ce qui est toujours, ce qui est immortel et invariable, parce que c'est à un tel objet que va sa considération lorsqu'elle est maîtresse d'elle-même, parce qu'alors en possession de la sagesse elle ne s'attache plus à ce qui change et ne change

considerat, virtutis autem perfectio consistit in hoc quod homo corporis passiones non sequatur, sed eas secundum rationem temperet et refrenet. Non ergo corruptio animæ consistit in hoc quod a corpore separetur.. Non potest perfici operatio alicujus rei nisi secundum quod perficitur ejus substantia. Si igitur anima secundum operationem suam perficitur in relinquendo corpus et corporea, substantia sua in esse suo non deficiet per hoc quod a corpore separatur. — Proprium perfectivum hominis secundum animam est aliquid incorruptibile : propria enim operatio hominis inquantum hujusmodi est intelligere; per hanc enim differt a brutis et plantis et inanimatis ; intelligere enim est universalium et incorruptibilium inquantum hujusmodi. Perfectiones autem oportet esse perfectibilibus proportionatas. Ergo anima humana est incorruptibilis (*C. Gent.*, lib. II, c. LXXIX).

directrice de ce qui change. Quant à la vertu, perfection de la volonté, son œuvre est l'accomplissement du devoir, de ce qui doit être, et particulièrement la domination de l'esprit sur la matière, de la raison ferme et inébranlable sur les passions mobiles et tumultueuses qui siègent dans le corps. Aussi le plus sublime degré de vertu, comme la plus profonde béatitude, consiste-t-il pour l'âme humaine à se complaire, à s'épanouir dans la contemplation et l'amour de l'absolu, de l'immuable par essence, c'est-à-dire de Dieu, et à s'efforcer de l'imiter en subordonnant à cet effort toutes les puissances liées à l'organisme.

Par là se révèle le fond de cette âme : il apparaît naturellement conforme à l'immuable incorporel, c'est-à-dire que l'âme est elle-même immuable, impérissable, dans sa substance spirituelle (1).

(1) Nulla res corrumpitur ex eo in quo consistit sua perfectio ; hæ enim mutationes sunt contrariæ, scilicet ad perfectionem et ad corruptionem. Perfectio autem animæ humanæ consistit in abstractione quadam a corpore ; perficitur enim anima scientia et virtute : secundum scientiam autem tanto magis perficitur, quanto magis immaterialia

être vouée à la mort, parce que le sens ne saisit que le temporel et l'appétit sensitif ne tend à jouir que de ce qui passe, l'âme humaine est destinée à vivre toujours, parce qu'elle est intelligente et a besoin de l'immortalité pour être satisfaite (1).

De même, le mode de perfection qui convient à l'âme humaine, montre qu'elle est immortelle. C'est dans une certaine élévation au-dessus du matériel et du contingent, dans un certain empire sur le corps, qu'elle se perfectionne. Son intelligence se développe par la science, et la science la plus haute recherche le nécessaire et l'invariable, ce qui est toujours le même au sein de ce qui s'écoule, ce qui ne peut pas ne pas être, comme loi

---

(1) Potest etiam hujus rei accipi signum ex hoc quod unumquodque naturaliter suo modo esse desiderat. Desiderium autem in rebus cognoscentibus sequitur cognitionem. Sensus autem non cognoscit esse nisi sub hic et nunc. Sed intellectus apprehendit esse absolute et secundum omne tempus : unde omne habens intellectum naturaliter desiderat esse semper. Naturale autem desiderium non potest esse inane. Omnis igitur intellectualis substantia est incorruptibilis (I, q. LXXV, a. 6).

tout dans l'âme humaine appelle et réclame l'immortalité.

Par son intelligence, l'âme de l'homme conçoit l'être sous forme absolue, l'être en dehors du temps comme de l'espace, l'être qui ne finit pas, sur lequel le temps coule sans en pouvoir user l'immobile permanence : cette conception est le propre de la connaissance intellectuelle. Aussi par sa volonté, proportionnée à son intelligence, l'homme désire-t-il naturellement une vie sans fin ; au-dessus du temps, il cherche la plénitude sans succession, et, s'il vient à la rencontrer, il estime qu'en cet instant il possède le bonheur pour lequel il est fait ; s'il lui faut se contenter de joies successives, du moins veut-il, pour être heureux, que la chaîne n'en finisse point, et qu'une suite interminable de plaisirs appropriés à sa nature lui donne une image, dans le temps, de l'immuable éternité. Or, remarque avec profondeur saint Thomas, il est impossible qu'un désir naturel soit vain, qu'une tendance naturelle se perde dans le vide par la force des choses : ce serait une contradiction radicale, une monstruosité dans le fond de l'être ; la raison voit que c'est inadmissible. Donc, si l'âme de l'animal peut

On dira peut-être qu'il reste toujours un doute, une incertitude, sur la permanence de l'âme après la crise de la mort, puisqu'il faut bien réserver à Dieu la puissance d'anéantir même cette forme simple en cessant de lui communiquer l'existence actuelle. Qui nous garantira qu'il ne plaira point à Dieu d'arrêter la continuation de son action créatrice et de ramener ainsi notre âme à l'état d'essence idéale, de forme qui peut être, mais qui n'est pas? La main de Dieu nous soutient constamment pour nous conserver; mais qui sait si elle ne se retirera pas pour nous laisser tomber à néant (1)?

Ne craignons rien, cependant; la sagesse autant que la bonté de Dieu sont intéressées à la conservation de notre âme: anéantir le principe, de soi immortel, qui nous fait vivre, ce serait pour Dieu se contredire lui-même, renverser l'ordre rationnel, terminer par une discordance absurde la première harmonie de l'œuvre créatrice. Nature, pensées, affections,

---

(1) Si Deus rem aliquam redigeret in nihilum, hoc non esset per aliquam actionem, sed per hoc quod agendo cessaret (I, q. civ, a. 3, ad 3).

Comment, en effet, l'âme humaine périrait-elle, lorsque l'homme meurt ? Elle ne peut être entraînée au néant par la mort du corps, comme les âmes inférieures, puisque son être est indépendant du corps corruptible. Elle ne peut pas non plus périr par elle-même, puisque c'est par elle-même qu'elle est, son être étant l'actualité positive de son essence simple : ne pouvant se séparer d'elle-même, elle ne peut par elle-même cesser d'être. Elle est donc impérissable, l'immortalité lui appartient par droit de nature. Que le corps meure, parce qu'il est privé de son âme, c'est naturel; mais comment l'âme pourrait-elle être privée d'âme (1)?

(1) Anima autem humana non posset corrumpi, nisi per se corrumperetur. Quod quidem omnino est impossibile, non solum de ipsa, sed de quolibet subsistente quod est forma tantum. Manifestum est enim quod id quod secundum se convenit alicui, est inseparabile ab ipso. Esse autem per se convenit formæ, quæ est actus. Unde materia secundum hoc acquirit esse in actu, quod acquirit formam; secundum hoc autem accidit in ea corruptio, quod separatur forma ab ea. Impossibile est autem quod forma separetur a seipsa : unde impossibile est quod forma subsistens desinat esse (I, q. LXXV, a. 6).

périt point, elle survit, elle se sépare du corps et se concentre dans sa propre existence.

Notre âme, on s'en souvient, est, à la fois, simple en son essence et, par sa nature intellectuelle, en possession d'un être qui est bien à elle (1). Son être, sans doute, vient de Dieu, et, à ce titre, n'est pas rigoureusement nécessaire, Dieu seul étant le nécessaire absolu : mais le Créateur seul pourrait le supprimer. Dès qu'elle est, notre âme, forme spirituelle, n'a plus, sauf le pouvoir de Dieu, capacité de ne plus être ; elle ne peut être atteinte par une corruption, une destruction naturelle ; seul Celui qui de rien l'a faite, a la puissance souveraine de la réduire à rien (2).

(1) In anima est sicut materiale ipsa simplex essentia ; formale autem in ipsa est esse participatum, quod quidem ex necessitate simul est cum essentia animæ, quia esse per se consequitur ad formam (I, q. xc, a. 2, ad 1).

(2) Sicut posse creari dicitur aliquid non per potentiam passivam, sed solum per potentiam activam creantis, qui ex nihilo potest aliquid producere ; ita, quum dicitur aliquid vertibile in nihil, non importatur in creatura potentia ad non esse, sed in creatore potentia ad hoc quod esse non influat. Dicitur autem aliquid corruptibile per hoc quod inest ei potentia ad non esse (I, q. LXXV, a. 6, ad 2).

II

L'AME IMMORTELLE

I. — L'âme humaine, précisément parce qu'elle est spirituelle et indépendante de la matière, est immortelle. — Autres preuves de l'immortalité, tirées du désir naturel de vivre toujours, de la perfection que l'âme trouve dans la connaissance et l'amour de ce qui est impérissable, et de la nécessité morale d'une compensation, après la mort, aux injustices de la vie présente. — Affirmation de l'immortalité de l'âme par Aristote.

II. — L'âme humaine, spirituelle et subsistante en elle-même, ne peut être produite par une génération corporelle, ni émaner de l'âme des parents, ni être détachée de la substance de Dieu : il faut une création divine pour lui donner l'être.

I. — Avec l'âme humaine la forme entre dans une catégorie à part, celle des esprits, des principes subsistants en eux-mêmes, indépendants de la matière.

Par une conséquence nécessaire, cette âme est immortelle : à la mort de l'homme, elle ne

On le voit, le mode d'origine, ainsi que la durée, des formes non subsistantes est bien d'accord avec leur nature même.

qu'on ne dise pas que, la vie des sens étant d'ordre supérieur à la vie de végétation, une puissance génératrice de l'ordre végétatif ou physiologique ne saurait être cause de l'âme sensitive. C'est l'énergie tout entière de l'âme animale qui imprègne la puissance de génération, parce que c'est un animal tout entier qu'il s'agit d'engendrer; et, comme la plante communique à sa semence tout ce qu'il faut pour que celle-ci reproduise une plante semblable, de même la bête donne à ce qui reproduit un animal de même espèce toute la vertu nécessaire pour une reproduction intégrale (1).

tibus materiam de potentia in actum per aliquam virtutem corpoream quæ est in eis. . Et sicut non refert dicere quod aliquid moveatur ab instrumento vel a principali agente, ita non refert dicere quod anima generati causetur ab anima generantis vel a virtute derivata ab ipsa, quæ est in semine (I, q. cxviii, a. 1).

(1) Virtus generativa non generat solum in virtute propria, sed in virtute totius animæ cujus est potentia : et ideo virtus generativa plantæ generat plantam, virtus vero generativa animalis generat animal. Quanto enim anima fuerit perfectior, tanto virtus generativa ordinatur ad perfectiorem effectum (I, q. cxviii, a. 1, ad. 2).

chimique est suffisante pour engendrer un composé inorganique, de même la vie par sa puissance naturelle engendre la vie. Dans la nutrition, la vertu végétative transforme la matière brute en matière vivante; dans la génération d'un autre individu de même espèce, la vertu séminale transforme le germe en un nouveau vivant corporel : l'une et l'autre vertu dérivent de l'âme du sujet producteur ; mais, comme cette âme, l'une et l'autre sont immergées dans la matière, et c'est pour cela que par le seul déploiement des forces physiologiques les formes de vie animale ou végétale, essentiellement dépendantes de la matière, sont évoquées du sein de la nature (1). Et

(1) Ista radix est falsa, scilicet quod anima sensitiva per se habeat esse et operationem, ut ex superioribus patet, q. LXXV a. 3; non enim corrumperetur, corrupto corpore. Et ideo, quum non sit forma subsistens, habet se in essendo ad modum aliarum formarum corporalium, quibus per se non debetur esse, sed esse dicuntur inquantum composita subsistentia per eas sunt: unde et ipsis compositis debetur fieri. Et quia generans est simile generato, necesse est quod naturaliter tam anima sensitiva quam aliæ hujusmodi formæ producantur in esse ab aliquibus corporalibus agentibus transmutan-

vers porte dans ses flancs une vertu génératrice et une fécondité qui peuvent faire naître la vie végétative et la vie animale dans la matière, sans création, par développement naturel : ces causes intimes sont appelés *raisons séminales*; elles résident d'abord dans les premiers éléments du monde, à titre de causes universelles, puis dans les individus producteurs, du règne végétal et du règne animal, comme causes particulières, enfin dans les semences et les germes de ces individus, comme causes prochaines; et tous ces principes de génération sont comme l'incarnation des raisons idéales contenues dans l'intelligence divine (1).

Ainsi, pas plus pour l'âme des bêtes et pour l'âme des plantes que pour les formes substantielles des corps bruts, une création n'est nécessaire pour les produire aujourd'hui dans la matière. De même qu'une activité physico-

---

(1) Et ideo convenienter Augustinus omnes virtutes activas et passivas, quæ sunt principia generationum et motuum naturalium, *seminales rationes* vocat. Hujusmodi autem virtutes activæ et passivæ in multiplici ordine considerari possunt... (I, q. cxv, a. 2).

reptiles et des bêtes de la terre, selon leurs espèces (1). »

Saint Augustin avait donné de ces paroles une interprétation très personnelle: selon lui, Dieu n'a pas créé tout d'abord ces vivants dans leur individualité, mais à l'origine a mis dans la terre et dans les eaux la force de les produire plus tard. Saint Thomas paraît incliner vers cette opinion, favorable à une évolution productrice que détermineraient les circonstances extérieures (2).

D'après cette vue de saint Augustin, l'uni-

---

(1) *Genèse*, i, 11, 20, 24.
(2) Circa productionem plantarum aliter opinatur Augustinus ab aliis. Alii enim expositores dicunt quod plantæ productæ sunt actu in suis speciebus hac tertia die, secundum quod superficies litteræ sonat. Augustinus autem, V. *super Gen. ad litter.* cap. v, et VIII cap. iii, dicit quod causaliter tunc dictum est produxisse terram herbam et lignum, id est, producendi accepisse virtutem... Non ergo in tertia die productæ sunt plantæ in actu, sed causaliter tantum (I, q. lxix, a. 2). — Augustinus autem dicit quod quinta die aquarum natura produxit pisces et aves potentialiter (I, q. lxxi, a. un.). — Et hic etiam secundum Augustinum animalia terrestria producuntur potentialiter (I, q. lxxii, a. un.).

composé de forme et de matière, et pour cela l'activité de l'agent physique, jointe à la capacité potentielle de la matière première, suffit (1).

Au sujet des plantes et des animaux, la Bible a trois expressions remarquables de la volonté créatrice. Au premier jour : « Que la terre fasse germer de l'herbe verte et faisant de la semence, et des arbres fruitiers faisant du fruit selon leur espèce, dont la semence soit en eux-mêmes sur la terre. » Au cinquième jour : « Que les eaux produisent du reptile d'âme vivante et des volatiles sur la terre, sous le firmament du ciel. » Au sixième : « Que la terre produise âme vivante, selon chaque espèce, des animaux domestiques, des

---

(1) Forma naturalis corporis non est subsistens, sed qua aliquid est. Et ideo, quum fieri et creari non conveniat proprie nisi rei subsistenti, sicut supra dictum est art. 4 hujus quæst., formarum non est fieri neque creari, sed concreatas esse. Quod autem proprie fit ab agente naturali, est compositum, quod fit ex materia. Unde in operationibus naturæ non admiscetur creatio, sed præsupponitur aliquid ad operationem naturæ (I, q. XLV, a. 8).

portionnée à cette dépendance. Aussi les principes de vie des végétaux et des bêtes, comme les formes des corps bruts, tirent-ils leur origine d'une évolution naturelle de la matière.

A la naissance même de l'univers tel qu'il est aujourd'hui, comment toutes ces formes substantielles arrivèrent-elles dans la nature? Saint Thomas, ayant comme théologien à expliquer la Genèse biblique, s'est trouvé en face de cette question.

Pour les corps bruts, il pense que Dieu a créé dès le début la matière sous des formes substantielles diverses, et qu'au moyen de combinaisons suscitées par l'action mutuelle des corps, de nouvelles substances sont formées, non par création, mais par génération naturelle. Dans la création des premiers corps, leurs formes n'ont pas été proprement créées, c'est-à-dire n'ont pas reçu de Dieu un être propre; ce sont les substances corporelles qui ont été créées avec leurs formes substantielles. Dans la génération des substances composées, il n'y a pas non plus création de formes, il n'y a pas même génération de formes substantielles, à proprement parler: ce qui est engendré, ce qui est produit, c'est le

l'animal, pour motiver une individuelle immortalité, ce serait le désir intelligent de l'existence perpétuelle, et l'animal ne l'a pas, parce que la connaissance sensible est bornée à tel moment particulier de la durée des choses (1). Aussi meurt-il tranquillement, sans regret, sans aspiration vers une autre vie: il finit comme un être qui est né pour finir tout entier.

II. — L'origine des formes dépendantes de la matière doit, comme leur durée, être pro-

---

(1) In qualibet re quæ potest pertingere ad aliquam perfectionem, invenitur naturalis appetitus illius perfectionis; bonum enim est quod omnia appetunt, ita tamen quod unumquodque proprium bonum. In brutis autem non invenitur aliquis appetitus ad esse perpetuum, nisi ut perpetuentur secundum speciem, inquantum in eis invenitur appetitus generationis per quam species perpetuatur (quod quidem invenitur et in plantis et in rebus inanimatis), non autem quantum ad proprium appetitum animalis inquantum est animal, qui est appetitus apprehensionem consequens: quum anima sensitiva non apprehendat nisi hic et nunc, impossibile est quod apprehendat esse perpetuum; neque ergo illud appetit appetitu animali. Non est igitur anima bruti capax perpetui esse (*C. Gent.*, lib. II, c. LXXXII).

elle ne peut subsister; car l'opération est le but et la conséquence de l'être (1).

N'oublions pas que l'animal ne connaît pas d'absolu ; il connaît seulement du relatif, singulièrement déterminé dans l'espace et le temps: il ne peut avoir aucune notion de la permanence absolue dans l'être, et par suite, en tant que connaissant, n'a pas de désir d'immortalité. Sans doute, comme tout vivant, il a tendance à perpétuer son espèce par la génération de vivants semblables; mais une telle perpétuité n'exige pas la permanence de l'individu, et l'on pourrait même dire que la nature inorganique, si variable et si transformable, tend à se perpétuer par l'activité communicative de ses formes. Ce qu'il faudrait à

---

(1) Jam enim ostensum est, c. LVII et LXVIII, quod nulla operatio sensitivæ partis esse sine corpore potest. In animabus autem brutorum non est invenire aliquam operationem superiorem operationibus sensitivæ partis... Nulla igitur operatio est animæ brutorum quæ possit sine corpore esse. Quum igitur omnis substantia aliquam operationem habeat, non poterit anima bruti absque corpore esse : ergo, pereunte corpore, perit (*C. Gent.*, lib. II, c. LXXXII).

Mais c'est par impossibilité radicale d'exister seule que cette âme s'éteint à la mort de l'animal : ce n'est pas pour elle une déchéance, c'est une nécessité naturelle. Le corps de la bête, n'étant plus vivant, n'a plus de principe de vie : c'est lui qui meurt, en perdant son âme ; celle-ci, peut-on dire, ni ne meurt ni ne meurt pas ; car, en rigueur, ce n'est pas elle qui vivait, ce n'est pas elle qui existait, c'est le corps qui existait et vivait par elle. Il est vrai, nous l'avons dit, qu'accessoirement elle subit la mort du corps : elle ne survit point ; mais il n'en pourrait être autrement, puisqu'elle ne vivait point en elle-même, mais seulement faisait vivre l'animal.

Certes, la connaissance et l'amour sensibles ont leur beauté dans l'harmonie de la nature ; mais il n'en faut point exagérer la valeur. Ces opérations ne sont pas tellement élevées au-dessus de l'ordre physique, qu'elles soient dégagées de la matière : au contraire, elles y sont encore engagées, et voilà pourquoi elles ne sauraient être raisons suffisantes pour la survivance de l'âme purement sensitive. Hors de la matière, cette âme n'a pas d'opération possible : c'est la preuve que sans la matière

c'est un être, une substance : il faut qu'il ait en lui un principe d'unité substantielle, et non pas seulement une forme d'assemblage accidentel. Le corps inorganique même ne saurait être constitué par pure agglomération : en effet, comment l'étendue indéfiniment divisible, pourrait-elle être agglomérée sans un principe d'unité qui ne soit pas divisible, et qui néanmoins soit réel, car c'est une réalité positive qu'il doit constituer ? Ni l'âme ni aucune forme substantielle n'est donc un simple rapport ; c'est un élément fondamental d'existence et d'activité, lors même que ce principe ne peut subsister seul. Dans les vivants doués de connaissance, la nécessité d'une âme qui ait une fondamentale et réelle unité est particulièrement manifeste : comment dans un simple assemblage la connaissance, même sensitive, pourrait-elle puiser son unité de conscience ?

A l'âme des bêtes, précisément parce qu'elle est source de connaissance et aussi d'amour, on serait plutôt tenté d'accorder l'immortalité : ne semble-t-elle pas digne de vivre, à cause de ces opérations supérieures aux actes physiques ?

celui-ci n'a pas d'existence en lui-même, ne semble-t-il pas qu'il ne soit qu'un rapport, un ordre convenable entre les parties du corps? L'âme ne serait alors, au moins l'âme non subsistante des vivants inférieurs, que l'harmonieux agencement des diverses parties de l'organisme, elle serait la beauté même, la bonne proportion de ce tout naturel : il n'y aurait plus à s'étonner qu'elle disparaisse, quand un grave détraquement survient dans ce mécanisme. Saint Thomas repousse cette objection, en la joignant à celle qui prétendrait que l'âme n'est autre chose que le tempérament (1). Le vivant n'est pas un composé de parties seulement juxtaposées avec ordre ;

---

(1) Complexio quum sit quoddam constitutum ex contrariis qualitatibus quasi medium inter eas, impossibile est quod sit forma substantialis; nam substantiæ nihil est contrarium, nec suscipit magis et minus. Anima autem est forma substantialis, et non accidentalis : alias per animam non sortiretur aliquid genus vel speciem. Anima igitur non est complexio (*C. Gent.*, lib. II, c. LXIII). — Similis autem prædictæ positioni est positio dicentium animam esse harmoniam... Unde et improbatur sicut et præcedens, et adhuc propriis rationibus (*C. Gent.*, lib. II, c. LXIV).

l'âme ; car nous voyons que, lorsque l'âme s'en va, le corps se dissout. Et, si cela encore est divisible, ou il faudra parvenir à quelque chose d'indivisible et d'incorporel, qui sera l'âme ; ou il y aura à procéder indéfiniment, ce qui est impossible. Donc, l'âme n'est pas corps (1) ». Le même raisonnement peut s'appliquer à toute forme de substance constituant en unité la multiplicité extensive qui, dans tout corps, vient de la matière. Donc, toute forme de substance corporelle échappe par sa simplicité à la destruction par brisement : le corps peut être mis en pièces, le principe formel ne peut l'être, il est indivisible.

Cependant, lorsqu'un organisme vivant est brisé, son principe de vie disparaît, et, si

---

(1) Omne corpus divisibile est. Omne autem divisibile indiget aliquo continente et uniente partes ejus. Si igitur anima sit corpus, habebit aliquid aliud continens, et illud magis erit anima ; videmus enim, anima recedente, corpus dissolvi. Et si hoc iterum sit divisibile, oportebit vel devenire ad aliquod indivisibile et incorporeum, quod erit anima, vel erit in infinitum procedere, quod est impossibile. Non est igitur anima corpus (*C. Gent.*, lib. II, c. LXV). — Cf. Περὶ ψυχῆς, I, v (24), F. D.

Si la disparition de la forme non subsistante, principe déterminant du corps brut ou principe de vie végétative ou sensitive, n'est pas une corruption de la forme elle-même, mais plutôt une suite inévitable de la corruption du corps, elle n'est pas non plus une destruction par désagrégation de parties comme un instrument est brisé et ainsi détruit. Toute forme, il ne faut pas l'oublier, est simple par essence, sans parties, sans étendue en elle-même, et, comme l'avait compris Aristote, cette simplicité est nécessaire pour faire l'unité du corps, particulièrement du corps vivant. Saint Thomas, pour démontrer que l'âme n'est pas corps, dans la *Somme contre les Gentils*, s'approprie l'argument que présente Aristote, pour prouver la simplicité de l'âme : « Tout corps est divisible. Or, tout divisible a besoin de quelque chose qui maintienne ensemble et unisse ses parties. Si donc l'âme est corps, elle aura quelque autre chose qui la maintiendra unie, et cela sera plutôt

tia materiæ non totaliter perficitur per formam ; sed accipit nunc unam, nunc aliam formam ab aliquo agente (I, q. LV, a. 2).

sance dans l'élément matériel et qu'elle y puisse retourner en puissance, ce n'est pas à dire qu'elle soit en elle-même matérielle. Nous savons que la forme est essentiellement acte, tandis que la matière est essentiellement pure potentialité : ces deux éléments se font donc antithèse l'un à l'autre, et la matière se complète par la forme dans la synthèse de la substance corporelle. Il n'en est pas moins vrai qu'il y a dans l'élément potentiel, précisément parce qu'il est potentiel, une aptitude et comme une prédisposition naturelle à prendre la détermination formelle, et c'est ce qu'il faut entendre quand nous disons que la forme est en puissance dans la matière : c'est là tout ce qui reste de la forme qui a péri avec le corps ; elle n'est plus, la substance déterminée où seulement elle pouvait être n'étant plus ; mais il y a encore, dans la matière, quelque capacité d'où cette forme pourra renaître sous l'influence des agents naturels (1).

(1) Omnis forma quæ educitur in esse per materiæ transmutationem, est forma educta de potentia materiæ ; hoc enim est materiam transmutari, de potentia in actum educi (*C. Gent.*, lib. II, c. LXXXVI). — In corporibus autem inferioribus poten-

c'est le corps (1). La forme non subsistante n'est pas non plus destructible ou corruptible en elle-même, mais elle subit accessoirement la corruption du composé corporel, en ce sens qu'un composé qu'elle formait n'existe plus, et qu'un autre le remplace, constitué par une autre forme.

Que devient alors la première forme? On pourrait dire qu'elle redevient en puissance, comme en puissance elle était, dans la matière, avant la production du composé dans la nature; c'est-à-dire que la matière reste susceptible de recevoir pareille forme, mais que la forme qui a disparu n'est plus en acte, n'est plus forme actuelle. Cette matière du corps mort pourra encore prendre vie sous l'action des forces vitales que possèdent d'autres corps vivants; mais la mort a privé actuellement la matière d'une forme de vie, qui ne peut être en dehors de la matière.

Que la forme soit originairement en puis-

---

(1) Id quod se habet in rebus sensibilibus per modum proprium primi recipientis, est incorruptibile secundum suam substantiam, scilicet materia prima (*C. Gent*; lib. II, c. LXXIX).

sujet; le corps ne pouvant plus l'avoir, cette vie disparaît; la matière ne pouvant plus en conserver le principe, celui-ci ne saurait exister encore.

Est-ce à dire que, dans la transformation des corps inorganiques ou des corps vivants, il y ait vraiment destruction de principes formels? A la mort, par exemple, d'un arbre ou d'une bête, leur âme est-elle détruite, comme un ouvrage est défait, se corrompt-elle comme leur corps?

Ces expressions seraient impropres, quand il s'agit de formes dépendantes de la matière. Ce qui n'existe pas en soi, ne peut être détruit ou corrompu. Le composé matériel existe en lui-même, bien qu'il n'existe que par la forme qu'il a; il est sujet à corruption, et il se corrompt en perdant sa forme. Mais ses éléments essentiels, matière et forme, n'ayant pas d'existence en eux-mêmes, ne peuvent pas proprement être corrompus ou détruits. La matière, d'ailleurs, est le fond commun et permanent de tous les corps changeants et transformables; elle n'est pas détruite, puisqu'elle demeure toujours au fond de ce qui change, et ce n'est pas, à vrai dire, elle qui se corrompt,

rielles : ils ne durent pas plus que ne dure la vie du végétal ou de l'animal sans raison ; ces êtres animés meurent, et leurs âmes ne sont pas immortelles, elles périssent avec les corps qui par elles vivaient. Comment, en effet, toutes ces formes inférieures, formes d'existence inorganique ou d'animation corporelle, pourraient-elles persister seules dans l'être, puisqu'elles n'ont pas d'être qui leur appartienne en propre (1) ?

Quand la matière devient vivante, elle prend une forme nouvelle, et, si c'est du végétal ou du simple animal qui se fait ainsi, la forme vitale est possédée tout entière par l'élément matériel ; si bien que, lorsque la plante et la bête meurent, la vie qu'ils perdent est sans

---

(1) Sic enim competit alicui generari et corrumpi sicut et esse, quod per generationem acquiritur et per corruptionem amittitur. Unde quod per se habet esse, non potest generari vel corrumpi nisi per se. Quæ vero non subsistunt, ut accidentia et formæ materiales, dicuntur fieri et corrumpi per generationem et corruptionem compositorum. Ostensum est autem supra, art. 3 hujus quæst., quod animæ brutorum corrumpuntur, corruptis corporibus (I, q. LXXV, a. 6).

I

LES FORMES PÉRISSABLES.

I. — Le principe de vie de la plante et l'âme de la bête, n'étant pas indépendants de la matière, ne sont pas immortels : ils sont périssables comme les formes de substances inorganiques.

II. — Toutes les formes substantielles dépendantes de la matière, âmes de la plante et de l'animal comme les formes des corps bruts, doivent leur origine à une évolution naturelle de la matière.

I. — D'après la théorie des transformations substantielles de la matière, les formes de substances se succèdent les unes aux autres dans les changements spécifiques des composés matériels, c'est-à-dire des corps.

Les principes de vie de la plante et de la bête, n'étant pas plus subsistants en eux-mêmes, pas plus indépendants de la matière, que les principes actifs des corps bruts, subissent comme eux la loi des variations maté-

La durée est la continuation d'une force prise dans l'origine même, et la manière de commencer entraîne la manière de persister ou de finir.

Durée et origine, d'ailleurs, sont commandées par la nature même des êtres et de leurs formes. Si un principe formel disparaît dans l'évolution des choses, c'est qu'il n'a pas assez de solidité, d'indépendance, pour résister au courant qui change l'univers; si un autre demeure et persiste inébranlable, c'est qu'il subsiste en lui-même indépendamment de la mobilité du devenir.

Ainsi une division s'impose: d'un côté, les formes non subsistantes, d'une durée limitée et d'une origine puisée au sein de l'évolution matérielle; de l'autre, l'âme spirituelle, qui est impérissable, parce qu'elle vient directement de l'Être éternel.

DURÉE ET ORIGINE
DES FORMES SUBSTANTIELLES

INTRODUCTION

La durée et l'origine des formes substantielles sont connexes entre elles et proportionnées à la nature de ces formes.

Il ne suffit pas de savoir ce que sont les principes formels qui constituent avec la matière les corps bruts, les vivants, l'homme. Une fois posées devant nous, il est intéressant de se demander si ces formes de substances demeurent toujours ou si elles sont destinées à périr, et aussi comment elles arrivent sur la scène de la nature; quelle est, en un mot, leur durée, et quelle est leur origine.

Les deux problèmes sont connexes : la solution de l'un conduit à la solution de l'autre.

VI

DURÉE ET ORIGINE
DES FORMES SUBSTANTIELLES

singularité. Si, au contraire, l'entendement est dégagé de la matière, tout individuel qu'il est, il peut recevoir en lui des formes dégagées aussi de conditions matérielles et concevoir par elles, non plus ce qui est relatif à ceci ou à cela, mais ce qui est absolu, essentiel, nécessaire, et le développer en universel. C'est ainsi que les esprits purs peuvent penser avec universalité, bien qu'ils soient des substances individuelles ; c'est ainsi que l'esprit humain peut avoir, lui aussi, l'intelligence de l'universel, malgré l'individualité qu'il tient de cet homme qui le possède (1).

Maintenons donc que la spiritualité de notre âme est démontrée par la *forme absolue et universelle* des objets propres de notre entendement et de notre volonté.

(1) Individuatio intelligentis, aut speciei per quam intelligit, non excludit intelligentiam universalium : alioquin, quum intellectus separati sint quædam substantiæ subsistentes, per consequens particulares non possent universalia intelligere. Sed materialitas cognoscentis, et speciei per quam cognoscitur, universalis cognitionem impedit (I, q. LXXVI, a. 2, ad 3).

Comment résoudre la difficulté ? Par cette distinction : ce n'est pas précisément l'individualité, c'est la matérialité qui est un obstacle à l'opération intellectuelle. Saint Thomas résume ainsi la réponse : « L'entendement donne l'universalité aux formes intellectuelles en tant qu'il les abstrait des principes matériels qui font l'individuation : d'où il suit qu'il faut, non pas que l'entendement soit universel, mais qu'il soit immatériel (1) ».

Si l'entendement était matériel, soit qu'il fût composé de matière et de forme, soit qu'il fût la forme d'une matière, le sujet de la pensée serait corps matériellement étendu : dès lors, les formes des choses s'imprimeraient en lui sous des traits corporels, matériellement dessinés, marqués par des conditions particulières, et par elles ce n'est pas l'essence absolue des choses qui serait connue, mais leur

speciem per quam intelligit esse aliquam quamdam (I, q. LXXVI, a. 2, ad 3).

(1) Intellectus dat formis intellectis universalitatem inquantum abstrahit eas a principiis materialibus individuantibus ; unde non oportet quod intellectus sit universalis, sed quod sit immaterialis (Q. disp. *de Anima*, a. 2, ad 6).

viduellement ; ce qui est contre la nature de l'entendement, qui connaît les universaux (1) ».

Remarquons tout de suite que l'objection aurait toujours devant elle la même difficulté dans l'hypothèse d'un entendement unique pour tous les hommes : en effet, cet entendement, comme le fait observer saint Thomas, serait un certain entendement, c'est-à-dire quelque chose d'individuel, et individuelle aussi au même titre serait la forme qui le mettrait en acte pour le faire penser. Il faut donc, en toute hypothèse, maintenir que l'individualité de l'intelligence n'est pas un empêchement à la pensée de l'universel (2).

(1) Si intellectus meus est alius ab intellectu tuo, intellectus meus est quoddam individuum et similiter intellectus tuus ; particularia enim sunt quæ differunt numero et conveniunt in una specie. Sed omne quod recipitur in aliquo, est in eo per modum recipientis. Ergo species rerum in intellectu meo et tuo reciperentur individualiter ; quod est contra rationem intellectus, qui est cognoscitivus universalium (I, q. LXXVI, a. 2, obj. 3.)

(2) Nec refert quantum ad hoc utrum sit unus intellectus vel plures ; quia si etiam esset unus tantum, oporteret ipsum esse aliquem quemdam, et

l'individuation que lui imposerait un organe matériel pourrait être un obstacle à l'universalité de l'objet intellectuel. Prenons bien garde à une conséquence fort grave que l'on pourrait tirer de la théorie de saint Thomas : si la forme du sujet doit être proportionnée à la forme de l'objet de ses opérations, on dira que l'universel, objet de la pensée, demande un sujet pensant universel, et que, par conséquent, l'entendement par lequel l'homme pense est un entendement universel, c'est-à-dire unique pour tous les hommes, le même pour chacun de nous, et non pas une faculté individuelle de chaque individu humain.

Saint Thomas connaissait bien cette objection, et dans son expression la plus grave. Il se l'oppose à lui-même en ces termes énergiques: « Si mon entendement est autre que ton entendement, mon entendement est quelque chose d'individuel, et de même ton entendement ; car sont particulières les choses qui diffèrent en nombre et ont une même espèce commune. Mais tout ce qui est reçu en quelque chose, y est à la manière de ce qui reçoit. Donc, les formes des choses dans mon entendement et dans le tien seront reçues indi-

idée dans le *Traité de l'Ame* d'Aristote (1) ; mais l'autorité du philosophe grec ne serait pas suffisante pour lui conférer une valeur qu'elle n'aurait pas par elle-même.

Je ne dois pas non plus dissimuler que la preuve même par l'universalité de la pensée est exposée à une objection qui mérite d'être examinée. Si c'est parce que la matière est principe d'individuation, que l'entendement doit être indépendant de la matière pour pouvoir penser l'universel, pourquoi l'individualité que l'on ne refuse pas à l'entendement, lors même qu'on le suppose entièrement dégagé de la matière, ne l'empêche-t-il pas de penser sous forme universelle? Être individuel, c'est être indivis en soi-même et distinct des autres; l'entendement d'un homme, s'il lui appartient en propre, est donc individuel comme est individuel cet homme à qui il appartient, comme est individuelle aussi l'âme de cet homme: ou bien donc il ne pourra avoir l'universel comme objet de son opération ; ou bien, si son individualité n'y fait point obstacle, on ne voit pas comment

---

(1) In III *de Anima*, lectio VII. — Περὶ ψυχῆς, III, ιv (3), F. D.

particuliers que les sens externes ne peuvent percevoir que séparément; car le sensible, sous sa raison commune, enveloppe et le visible et le susceptible d'être ouï ou senti par l'odorat ou goûté ou touché (1). Si donc le cerveau, tout sensible qu'il est, peut être l'organe d'une puissance qui connaît le sensible en tant que sensible, et par là tous les sensibles, ne pourrait-il pas se faire qu'une partie du corps, bien que corporelle, fût l'organe de l'intelligence pour penser tous les corps, la pensée saisissant le corps en tant que corps?

Je préfère donc la démonstration de la spiritualité de l'âme par la forme absolue et universelle de l'acte intellectuel. L'autre démonstration me semble moins rigoureuse : saint Thomas paraît en avoir trouvé la première

---

(1) Nihil prohibet inferiores potentias vel habitus diversificari circa illas materias quæ communiter cadunt sub una potentia vel habitu superiori; quia superior potentia vel habitus respicit objectum sub universaliori ratione : sicut objectum sensus communis est sensibile, quod comprehendit sub se visibile et audibile ; unde sensus communis, quum sit una potentia, extendit se ad omnia objecta quinque sensuum (I, q. 1, a. 3, ad 2).

Je le dirai sans réticence, cet argument, s'il était seul, me laisserait dans le doute. Est-il bien certain que, si l'intelligence tenait à un organe corporel, elle ne pourrait connaître tous les corps? Saint Thomas n'enseigne-t-il pas lui-même que le sens central, attaché au cerveau comme à son organe, connaît toutes les qualités sensibles et par conséquent connaît en quelque manière tous les corps? Ce sens central est une faculté de percevoir plus générale que les sens particuliers : il saisit le sensible en tant que sensible, et non pas seulement tel ou tel sensible en tant que tel ; voilà pourquoi, selon l'opinion même de saint Thomas, il saisit à lui seul tous les objets

sed etiam in vase vitreo, liquor infusus ejusdem coloris videtur. Ipsum igitur intellectuale principium, quod dicitur mens vel intellectus, habet operationem per se, cui non communicat corpus. Nihil autem potest per se operari nisi quod per se subsistit; non enim est operari nisi entis in actu : unde eo modo aliquid operatur quo est; propter quod non dicimus quod calor calefacit, sed calidum. Relinquitur igitur animam humanam, quæ dicitur intellectus vel mens, esse aliquid incorporeum et subsistens (I, q. LXXV, a. 2).

car opérer n'appartient qu'à ce qui est en acte : d'où il suit qu'un sujet opère à la manière dont il est ; et voilà pourquoi nous ne disons pas que c'est la chaleur qui chauffe, mais que c'est ce qui est chaud. Il reste donc que l'âme humaine, qui est appelée intellect ou esprit, est quelque chose d'incorporel et de subsistant (1). »

(1) Necesse est dicere id quod est principium intellectualis operationis, quod dicimus animam hominis, esse quoddam principium incorporeum et subsistens. Manifestum est enim quod homo per intellectum cognoscere potest naturas omnium corporum. Quod autem potest cognoscere aliqua, oportet ut nihil eorum habeat in sua natura ; quia illud quod inesset ei naturaliter, impediret cognitionem aliorum : sicut videmus quod lingua infirmi quæ infecta est cholerico et amaro humore, non potest percipere aliquid dulce, sed omnia videntur ei amara. Si igitur principium intellectuale haberet in se naturam alicujus corporis, non posset omnia corpora cognoscere. Omne autem corpus habet aliquam naturam determinatam. Impossibile est igitur quod principium intellectuale sit corpus ; et similiter impossibile est quod intelligat per organum corporeum, quia natura determinata illius organi corporei prohiberet cognitionem omnium corporum ; sicut si aliquis determinatus color sit, non solum in pupilla,

que l'homme, par l'intellect, peut connaître les natures de tous les corps. Or, ce qui peut connaître certaines choses doit n'avoir rien d'elles dans sa nature ; parce que ce qui y serait naturellement, empêcherait la connaissance d'autres choses : comme nous voyons que la langue d'un malade imprégnée d'une humeur bilieuse et amère ne peut percevoir quelque chose de doux, mais que tout lui paraît amer. Si donc le principe intellectuel avait en lui-même la nature de quelque corps, il ne pourrait point connaître tous les corps. Or, tout corps a quelque nature déterminée. Il est donc impossible que le principe intellectuel soit corps ; et semblablement il est impossible qu'il pense par un organe corporel, parce que la nature déterminée de cet organe corporel empêcherait la connaissance de tous les corps : comme si quelque couleur déterminée est, non pas seulement dans la pupille, mais aussi dans un vase de verre, le liquide qu'il contient paraît de la même couleur. Donc, le principe intellectuel même, appelé esprit ou intellect, a par lui-même une opération à laquelle le corps ne participe point. Mais rien ne peut opérer par soi-même à moins de subsister par soi-même ;

ici évidemment et la puissance intellectuelle et le principe substantiel qui la possède ; et l'expression « forme matérielle » signifie : forme qui n'a d'être que dans la matière.

III. — Dans la *Somme théologique*, saint Thomas se sert d'un autre argument, pour démontrer que l'âme humaine est subsistante en elle-même. Je crois devoir le traduire intégralement, pour ne pas en diminuer la valeur. « Il est nécessaire de dire que ce qui est principe de l'opération intellectuelle et que nous appelons l'âme de l'homme, est un principe incorporel et subsistant. Car il est manifeste

non recipiatur. Quum igitur receptio formarum in intellectu non sit receptio formarum in materia, impossibile est quod intellectus sit forma materialis. — Dicere quod intellectus sit forma non subsistens, sed materiæ immersa, idem est secundum rem ac si dicatur quod intellectus sit compositus ex materia et forma ; differt autem solum secundum verbum : nam primo modo diceretur intellectus forma ipsa compositi, secundo vero modo diceretur intellectus ipsum compositum. Si igitur falsum est intellectum esse compositum ex materia et forma, falsum erit quod sit forma non subsistens, sed materialis. (*C. Gent.*, lib. II, c. LI).

les Gentils. « Si l'intellect, dit-il, était forme dans la matière et non subsistante par soi-même, il s'ensuivrait que ce qui est reçu dans l'intellect serait reçu dans la matière ; car les formes de ce genre, qui ont leur être attaché à la matière, ne reçoivent rien qui ne soit reçu dans la matière. Puisque donc la réception des formes dans l'intellect n'est pas une réception de formes dans la matière, il est impossible que l'intellect soit une forme matérielle. — Dire que l'intellect est forme non subsistante, mais immergée dans la matière, c'est identique en réalité à dire qu'il est composé de matière et de forme ; la différence est seulement verbale : en effet, la première expression signifierait que l'intellect est la forme même du composé, la seconde que l'intellect est le composé même. Si donc il est faux que l'intellect soit composé de matière et de forme, il sera faux qu'il soit forme non subsistante, mais matérielle (1). » Le mot « intellect » désigne

---

(1). Si intellectus esset forma in materia et non per se subsistens, sequeretur quod id quod recipitur in intellectu reciperetur in materia ; hujusmodi enim formæ, quæ habent esse materiæ obligatum, non recipiunt aliquid quod in materia

composition de forme et de matière (1). »

Le même raisonnement conduit à cette conclusion que l'âme douée d'intelligence est forme subsistante en soi-même et indépendante de la matière corporelle. Saint Thomas le montre expressément dans la *Somme contre*

(1) Anima non habet materiam; et hoc potest considerari... specialiter ex ratione humanæ animæ, inquantum est intellectiva. Manifestum est enim quod omne quod recipitur in aliquo, recipitur in eo per modum recipientis. Sic autem cognoscitur unumquodque, sicut forma ejus est in cognoscente. Anima autem intellectiva cognoscit rem aliquam in sua natura absoluta, puta lapidem inquantum est lapis absolute. Est igitur forma lapidis absolute secundum propriam rationem formalem in anima intellectiva. Anima igitur intellectiva est forma absoluta, non autem aliquid compositum ex materia et forma. Si enim anima intellectiva esset composita ex materia et forma, formæ rerum reciperentur in ea ut individuales; et sic non cognosceret nisi singulare, sicut accidit in potentiis sensitivis, quæ recipiunt formas rerum in organo corporali. Materia enim est principium individuationis formarum. Relinquitur ergo quod anima intellectiva, et omnis intellectualis substantia cognoscens formas absolute, caret compositione formæ et materiæ (I, q. LXXV, a. 5).

douée d'intelligence, est sans composition de matière et de forme. « L'âme n'a pas de matière, dit-il : on le démontre spécialement par la nature de l'âme humaine, en tant qu'elle est intellective. Il est manifeste, en effet, que tout ce qui est reçu en quelque chose y est reçu à la manière de ce qui reçoit. Or, un objet est connu comme sa forme est dans le connaissant. Mais l'âme intellective connaît une chose dans sa nature absolue, par exemple la pierre en tant qu'elle est pierre absolument. La forme de pierre est donc absolument selon sa propre raison formelle dans l'âme intellective. Donc, l'âme intellective est une forme absolue, et non un composé de matière et de forme. Si, en effet, l'âme intellective était composée de matière et de forme, les formes des choses seraient reçues en elle comme individuelles ; et ainsi, elle ne connaîtrait que le singulier, comme il arrive aux puissances sensitives, lesquelles reçoivent les formes des choses dans un organe corporel : car la matière est principe d'individuation des formes. Il reste donc que l'âme intellective, ainsi que toute substance intellectuelle connaissant les formes absolument, est sans

d'une capacité de privation, d'une possibilité de non-être. La forme universelle, au contraire, a en soi détermination d'être, capacité d'exister déterminément ou de donner un être déterminé à une infinité d'individuels, et elle est saisie par l'intelligence comme ayant nécessairement une telle capacité d'exister ou de donner l'être.

Donc, les puissances intellectuelles de l'homme, entendement et volonté, ont dans la nécessité, comme dans l'universalité, de leurs objets une marque certaine d'indépendance radicale vis-à-vis de la matière, celle-ci ne pouvant donner naissance qu'à du contingent, du non nécessaire. Donc, l'âme humaine, principe et support de ces puissances, dont les actes ont la forme du nécessaire, doit avoir en elle-même, étant faite pour le nécessaire, quelque nécessité d'être, dès qu'elle est, et par là est indépendante de la matière, c'est-à-dire spirituelle.

Saint Thomas emploie le caractère absolu et universel des opérations intellectuelles pour prouver même la simplicité de l'âme humaine. Ainsi, dans la *Somme théologique*, il en conclut que notre âme, comme toute substance

donc, l'âme humaine est essentiellement esprit subsistant en soi-même, elle a son être propre, elle est non seulement simple, mais vraiment spirituelle.

En considérant la nécessité dont les objets intellectuels sont empreints, on aboutit de même à la spiritualité de l'âme.

Le nécessaire est un point de vue de l'absolu et de l'universel : ce qui est nécessaire est absolument et universellement nécessaire, comme l'universel contient nécessairement ce qu'exprime la définition absolue de l'essence, et s'étend nécessairement à tous les individus, en nombre indéfini, en qui l'essence pourrait se réaliser. Le nécessaire est immuable, éternel.

Or, de la matière ne se fait que de l'individuel contingent, qui peut ne pas être et a radicalement capacité de non-être, puisque de la matière peut être fait tout autre individuel par privation de la forme de l'individuel déjà fait. S'il y a ainsi une sorte d'extension universelle dans la matière, c'est une extension qui n'est pas l'application d'une nature comme l'extension de l'universel intellectuel, mais qui provient d'une possibilité indéterminée d'être et

C'est à cause de cette limitation imposée par la matière et par les dimensions extensives que les sens, puissances de l'organisme corporel, ne peuvent sortir de l'individuel dans leurs opérations. Si donc l'intelligence et la volonté de l'homme étaient aussi des puissances matériellement organiques, elles seraient comme les sens enfermées dans l'individuel, elles ne pourraient avoir pour objet l'absolu, qui n'est pas plus relatif à ceci qu'à cela, et l'universel, qui s'étend à tous les sujets de même essence.

Donc, ce par quoi l'homme agit, en tant qu'homme, est indépendant de la matière;

est in se indivisum et divisum ab omnibus aliis; divisio autem accidit ratione quantitatis, ut dicitur in I *Physic.*. Et ideo ipsa quantitas dimensiva est quoddam individuationis principium in hujusmodi formis, inquantum scilicet diversæ formæ numero sunt in diversis partibus materiæ. Unde et ipsa quantitas dimensiva secundum se habet quamdam individuationem, ita quod possumus imaginari plures lineas ejusdem speciei differentes positione, quæ cadit in ratione hujus quantitatis; convenit enim dimensioni quod sit quantitas positionem habens (III, q. LXXVII, a. 2).

SPIRITUALITÉ DE L'AME

lisée en un sujet par cette application ; elle devient telle individualité. C'est dans les dimensions de son étendue que la matière emprisonne ainsi la forme, et ces dimensions sont aussi par elles-mêmes individualisantes : une ligne, une surface, un volume se dessinent individuellement et marquent des limites d'une individualité précise. Saint Thomas avait remarqué que nous pouvons imaginer plusieurs lignes de même espèce différentes seulement par la position, ce qui montre le caractère individualisant de l'étendue, car la position est dans l'étendue et en dépend (1).

(1) Prima dispositio materiæ est quantitas dimensiva... Quantitas autem dimensiva est quoddam individuationis principium. Est enim de ratione individui quod non possit in pluribus esse, quod quidem contingit dupliciter... Quantum igitur ad primum, materia est individuationis principium omnibus formis inhærentibus ; quia, quum hujusmodi formæ, quantum est de se, sint natæ in aliquo esse sicut in subjecto, ex quo aliqua earum recipitur in materia, quæ non est in alio, ideo nec forma ipsa sic existens potest in alio esse. Quantum autem ad secundum, dicendum est quod individuationis principium est quantitas dimensiva : ex hoc enim aliquid est natum esse in uno solo, quod illud

II. — Ces privilèges de l'intelligence et de la volonté humaine, cette connaissance et cet amour de l'universel ne peuvent appartenir à des puissances dépendantes de la matière ni, par suite, à une âme qui dépendrait, elle aussi, de la matière corporelle.

La matière, en effet, limite à l'individuel tout ce qu'elle tient, tout ce qu'elle absorbe, et les dimensions étendues, qui lui sont inhérentes, traduisent cette restriction individualiste dans les figures où elles sont circonscrites. La matière, étant ce de quoi on fait quelque chose, individualise étroitement ce qui est fait d'elle et, par suite, retient dans un concret matériellement individuel ce qui dépend de ce quelque chose matériel. La forme, de soi, est universelle, comme principe d'espèce ; mais, si la matière prend une forme, dès lors cette forme lui appartient individuellement et, en tant qu'elle est ainsi incorporée, ne peut plus être caractère spécifique d'un autre individu : l'universalité formelle est immobi-

intellectiva quam creaturæ inferiores, quod perfectam bonitatem consequi potest, licet per multa et diversa ; in quo deficit a superioribus (I, q. LXXVII, a. 2, corp. et ad 1).

cela un reflet du bien sans ombre pour lequel elle est née, et, si librement elle adhère ou n'adhère point à ceci ou à cela, c'est parce que ces choses ne sont que des biens relatifs et partant imparfaits, et que c'est le bien absolu et sans imperfection qu'il faudrait pour combler ses désirs.

Telle est la grandeur de l'âme humaine. Les créatures inférieures cherchent leur perfection sans doute, mais ne la cherchent que dans des biens relatifs et imparfaits en eux-mêmes, et peu de mouvements, peu d'opérations leur suffisent pour atteindre leur fin bornée. Mais l'homme vise à se parfaire dans la possession du bien intégral et parfait en soi, et, s'il n'y tend pas aussi simplement que les esprits supérieurs à lui, s'il met en œuvre de nombreux moyens pour conquérir sa fin, du moins c'est le bien sans limite et sans borne, le bien infini, qui est sa fin dernière (1).

(1) Quæ sunt in rebus infima, non possunt consequi perfectam bonitatem, sed aliquam imperfectam consequuntur paucis motibus. . Homo autem potest consequi universalem et perfectam bonitatem, quia potest adipisci beatitudinem... In hoc ipso magis ad similitudinem Dei accedit anima

mais encore aimée comme bien par la volonté : c'est vers le bien, absolu d'abord, c'est-à-dire non sous telle ou telle forme relative, mais sous forme d'essence du bien, de ce qui convient, de ce qui est approprié et ordonné, que la volonté est inclinée par sa constitution même, et c'est ce bien essentiel qu'elle poursuit de son amour dans toutes les choses particulières qu'elle aime. Le bien, voulu d'abord comme absolu, est donc voulu ensuite comme universel, comme qualité aimable de toutes les choses adaptées à notre nature. Il est vrai que, si l'on creuse plus profondément dans le cœur de la volonté, on y trouve une tendance vers un bien, non plus forme de toutes les choses bonnes, mais essence ayant en soi tout le bien possible, c'est-à-dire vers le bien parfait en soi ; et cette perfection est conçue et aimée comme l'idéal duquel s'approchent plus ou moins les réalisations de bien qui se trouvent dans les choses particulières. C'est à cet idéal qu'aspire la volonté humaine, c'est dans l'union à cette perfection sans défaut que serait sa satisfaction complète, son bonheur parfait ; si elle porte son amour sur ceci ou cela, c'est qu'elle cherche en ceci ou en

lue conçue, d'une manière plus large, avec extension indéfinie, illimitée, à tous les individus quelconques en qui elle pourrait se réaliser. La pensée, d'abord concentrée sur l'essence même de la chose, se déploie ensuite vers l'universalité des réalisations individuelles dont l'essence est naturellement susceptible (1).

L'essence absolue, susceptible d'universalité et, à ce titre, dite universelle, est non seulement pensée comme vérité par l'intelligence,

(1) Non tamen potest dici quod ratio universalis conveniat naturæ sic acceptæ, quia de ratione universalis est unitas et communitas : naturæ autem humanæ neutrum eorum convenit secundum suam absolutam considerationem... Similiter etiam non potest dici quod ratio generis accidat naturæ humanæ secundum esse quod habet in individuis. Relinquitur ergo quod ratio speciei accidat naturæ humanæ secundum illud esse quod habet in intellectu. Ipsa enim natura habet esse in intellectu abstractum ab omnibus individualibus, et habet rationem uniformem ad omnia individua quæ sunt extra animam, prout essentialiter est imago omnium et inducens in cognitionem omnium inquantum sunt homines : et ex hoc quod talem relationem habet ad omnia individua, intellectus adinvenit rationem speciei (*de Ente et Essentia*, c. IV).

nition, par exemple: homme est animal raisonnable. La compréhension de cette nature est abstraite de l'observation, mais par l'acte proprement intellectuel elle est saisie dès le début comme nature absolue, dont la définition est vraie en soi, indépendamment de toute individualité (1).

L'universel, c'est encore cette nature abso-

---

(1) Relinquitur quod ratio generis vel speciei vel differentiæ conveniat essentiæ secundum quod significat per modum totius, ut nomine hominis vel animalis prout implicite et indistincte continet totum hoc quod in individuo est. Natura autem vel essentia sic accepta potest dupliciter considerari. Uno modo secundum naturam et rationem propriam ; et hæc est absoluta consideratio ipsius : et hoc modo nihil est verum de ea dicere nisi quod conveniat sibi secundum quod hujusmodi... Alio modo consideratur secundum quod habet esse in hoc vel in illo; et sic de ipsa prædicatur aliquid per accidens ratione ejus in quo est... Sed verum est dicere quod homo, inquantum est homo, non habet quod sit in hoc singulari vel in illo : patet ergo quod natura hominis absolute considerata abstrahit a quolibet esse, ita quod non fiat præcisio alicujus eorum ; et hæc natura sic considerata est quæ prædicatur de omnibus individuis (Opusc. *de Ente et Essentia*, c. IV).

naturelles des conceptions, des jugements, des raisonnements de notre intelligence, et aussi des actes d'amour principal émis par notre volonté.

Mais il importe de ne pas confondre l'objet vraiment universel de nos facultés intellectuelles avec d'autres objets de connaissance qui n'ont pas la même valeur.

Le véritable universel, ce n'est pas simplement un caractère uniforme extrait d'images successivement perçues, comme dans un portrait typique composé par l'accumulation des éléments semblables de portraits individuels; ce n'est pas, non plus, un simple nom donné à des images dont l'analogie serait appréciée instinctivement, comme peut-être dans les premières appréciations de l'enfant; ni une nature individuellement déterminée, par exemple cet arbre, comme dans les vues les plus pénétrantes, mais encore sensitives, du sens appréciatif de l'homme, surtout dans le développement de la connaissance enfantine.

L'universel, c'est une nature conçue d'abord avec un caractère, non relatif à tel ou tel sujet, mais absolu, sans application encore à des individus; elle est exprimée par une défi-

et de Dieu et des choses, saint Thomas rend justice à Platon, qui fut toujours préoccupé de l'universalité et de la nécessité que présente la connaissance proprement humaine (1).

Saint Thomas a bien vu, à son tour, que notre entendement connaît toutes choses, même les corps, sous forme immatérielle, universelle et nécessaire; et que cette manière de connaître, il la doit à sa propre nature et à la nature même de l'âme qui le porte, sans que les choses extérieures doivent être, pour cela, immatérielles et immobiles.

Oui, universalité et nécessité sont les formes

---

(1) Videtur autem in hoc Plato deviare a veritate, quia, quum æstimaret omnem cognitionem per modum alicujus similitudinis esse, credidit quod forma cogniti ex necessitate sit in cognoscente eo modo quo est in cognito. Consideravit autem quod forma rei intellectæ est in intellectu universaliter et immaterialiter et immobiliter; quod ex ipsa operatione intellectus apparet, qui intelligit universaliter et per modum necessitatis cujusdam. Modus enim actionis est secundum modum formæ agentis. Et ideo existimavit quod oporteret res intellectas hoc modo in seipsis subsistere, scilicet immaterialiter et immobiliter. Hoc autem necessarium non est (I, q. LXXXIV, a. 1).

II

SPIRITUALITÉ DE L'AME

I. — La connaissance proprement humaine a pour caractères l'universalité et la nécessité. — Que faut-il entendre par universel ? — La volonté humaine a aussi pour objet l'universel.

II. — La connaissance et l'amour de l'universel prouvent que l'âme de l'homme est indépendante de la matière corporelle, parce que cette matière limite à l'individuel tout ce qui dépend d'elle. — Le nécessaire, qui est un point de vue de l'universel, prouve aussi, parce qu'il est connu et aimé par l'âme humaine, l'indépendance de cette âme vis-à-vis de la matière, c'est-à-dire sa spiritualité.

III. — Autre argument de saint Thomas : Si l'âme n'était pas indépendante de la matière corporelle, son intelligence ne pourrait pas connaître les natures de tous les corps. — Discussion de cet argument. — Réfutation d'une objection qui s'appuie sur l'individualité de l'âme pour combattre la preuve de la spiritualité par l'universel.

I. — Malgré son peu de sympathie pour les rêveries platoniciennes sur les idées séparées

Concluons que l'âme de l'homme a une simplicité fondamentale malgré la diversité de ses puissances d'opération, qu'elle est forme non étendue, qu'elle est sans matière dans son essence. Mais, ne nous faisons point illusion, cette simplicité, cette immatérialité, ne suffit pas pour distinguer l'âme humaine des âmes inférieures, ni même des formes de corps non vivants. Toute forme de substance est sans matière en elle-même, bien qu'une telle forme puisse être unie à la matière au point de n'avoir de réalité actuelle que dans la matière.

Il faut donc montrer que l'âme humaine a un caractère supérieur à la pure simplicité, si nous voulons faire ressortir son excellence entre les formes substantielles.

par une plus grande, une plus petite par une plus petite. Or, l'entendement ne comprend pas par quelque commensuration de quantité une chose qu'il entend ; car c'est par lui-même tout entier qu'il entend et comprend le tout et une partie, les choses plus grandes en quantité ainsi que les choses plus petites. Donc, aucune substance intelligente n'est corps (1) ». La simplicité de l'intelligence, et, par suite, de l'âme d'où celle-ci émane, est ainsi saisie dans son application même à la quantité: l'entendement embrasse par un acte simple la multiplicité, et il ne se divise point pour prendre par une partie de lui-même une partie de l'objet ; c'est toujours par l'unité indivisible de notre intelligence que nous pensons, selon le témoignage de notre conscience.

(1) Nullum enim corpus invenitur aliquid continere nisi per commensurationem quantitatis; unde, et si se toto aliquid continet, et partem parte continet, majorem quidem majore, minorem autem minore. Intellectus autem non comprehendit rem aliquam intellectam per aliquam quantitatis commensurationem, quum se toto intelligat et comprehendat totum et partem, majora in quantitate et minora. Nulla igitur substantia intelligens est corpus (*C. Gent.*, lib. II, c. XLIX).

Si l'on a quelque peine à admettre ce point de vue, il faut cependant reconnaître qu'il est capital dans le système philosophique de saint Thomas, et qu'il en fait la principale originalité. Quoi qu'il en soit, on peut accorder que l'étendue est un caractère primitif qui naît de la matière dans tout ce qui a matière et forme, selon l'ordre naturel, et par conséquent que, si l'âme, qui est forme, avait de la matière en elle-même, elle serait naturellement étendue comme les corps.

Il est possible, d'ailleurs, de montrer directement que l'âme humaine, pour exercer comme elle le fait son intelligence, doit être sans étendue corporelle. Laissons encore ici la parole à saint Thomas. « Aucun corps, dit-il, ne se trouve contenir quelque chose que par commensuration de quantité ; d'où il suit que, si un corps contient par sa totalité la totalité de quelque chose, il en contient aussi une partie par une partie de lui-même, et une plus grande

---

tinctionis formarum : nec potest dici materia hæc alia ab illa nisi secundum distinctionem quantitativam, quæ non habet locum in substantiis incorporeis (I, q. LXXV, a. 7).

rieures l'une à l'autre, qui, de leur nature, peuvent être séparées l'une de l'autre : c'est au moyen de cette séparation qu'une matière commune peut recevoir, en des parties divisées, diverses formes de substances, et même des formes d'espèce identique, en des sujets divers par l'individualité. Si, à la rigueur, on peut supposer que des formes d'espèces différentes puissent diversifier la matière, en s'emparant d'elle, et la diviser par la distinction même de leurs différences scientifiques, du moins une même espèce de forme, dans une matière identique et non divisée en plusieurs parties, ne saurait constituer des individus divers. Et il faut bien voir que toute diversité naturelle et primitive dans les formes de substances est diversité spécifique ; car ces formes sont naturellement constitutives d'espèces d'êtres, et partant leur diversité naturelle doit constituer des êtres divers par nature même (1).

(1) Si enim materia hujus distinguitur a materia illius, necesse est quod vel forma sit principium distinctionis materiæ, ut scilicet materiæ sint diversæ propter habitudinem ad diversas formas, et tunc sequitur adhuc diversitas secundum speciem et inæqualitas naturalis ; vel materia erit principium dis-

II. — Si l'âme n'a pas de matière, évidemment elle n'est pas corps, car tout corps est matériel ; elle n'est pas non plus étendue, car c'est la matière qui, dans le corps même, est la source de l'étendue. Si, au contraire, on attribuait de la matière à l'âme, il faudrait dire que l'âme est corps et corps étendu. « Tout ce qui est composé de matière et de forme, dit avec raison saint Thomas, est corps. En effet, ajoute-t-il avec quelque subtilité, la matière ne peut recevoir diverses formes que selon diverses parties, et cette diversité de parties ne peut être dans la matière à moins que, grâce aux dimensions existant dans la matière, une matière unique et commune soit divisée en plusieurs ; car, si la quantité est supprimée, la substance est indivisible (1) ».

L'étendue est multiplicité de parties exté-

---

(1) Unumquodque enim ex materia et forma compositum est corpus. Diversas enim formas materia nonnisi secundum diversas partes recipere potest ; quæ quidem diversitas partium in materia esse non potest nisi secundum quod, per dimensiones in materia existentes, una communis materia in plures dividitur ; subtracta enim quantitate, substantia indivisibilis est (*C. Gent.*, lib. II, c. L).

tionnement qui ne sont pas leur essence même, mais qui découlent de leur essence. Sans doute, il serait d'une nature supérieure d'atteindre à la proximité de Dieu par fort peu de puissances diverses, par une énergie presque semblable à l'unité de l'être divin. Mais c'est, du moins, une dignité relative pour l'homme, d'être fait pour aspirer à l'imitation de Dieu même par le déploiement de puissances nombreuses, qui s'épanouissent en opérations variées et concourant ensemble au bonheur humain. Les êtres au-dessous de lui ont moins de capacités, moins d'actions différentes, mais aussi leur perfectionnement est plus limité, plus restreint (1).

(1) Res quæ sunt infra hominem, quædam particularia bona consequuntur ; et ideo quasdam paucas et determinatas operationes habent et virtutes. Homo autem potest consequi universalem et perfectam bonitatem, quia potest adipisci beatitudinem. Est tamen in ultimo gradu secundum naturam eorum quibus competit beatitudo ; et ideo multis et diversis operationibus et virtutibus indiget anima humana. Angelis vero minor diversitas potentiarum competit. In Deo vero non est aliqua potentia, vel actio, præter ejus essentiam (I, q. LXXVII, a. 2).

et indéterminé. Si donc l'âme principe de la vie la plus inférieure a cette immatérialité, l'âme principe de vie sensitive l'aura à plus forte raison, et l'âme principe de vie intellectuelle devra être immatérielle à titre plus éminent encore ; car la vie de sensation veut plus d'acte dans son principe, plus d'actualité vitale, que la vie de végétation, et la vie d'intelligence et de volonté demande une forme d'âme encore plus excellemment en acte, puisque ce doit être la source d'une plus haute activité.

L'âme humaine doit être, par conséquent, éminemment simple en son essence ; elle ne se compose pas de matière et de forme, elle est toute forme, entièrement immatérielle.

Et cependant, comme son essence simple n'est pas en acte par sa propre nature, mais est faite actuelle par l'acte créateur de Dieu, elle n'est pas acte parfait et porte en elle une capacité de développement ultérieur, un certain germe à féconder en opérations complémentaires. Dieu seul, en effet, a essentiellement tout ce qu'il peut avoir, est essentiellement tout ce qu'il peut être : les sujets créés sont plus ou moins capables de s'approcher de sa perfection par des puissances de perfec-

Ainsi, il est bien entendu qu'il y a opposition radicale entre la matière, pure potentialité, et toute forme d'être et d'activité, et, à ce titre, entre la matière et toute âme principe de vie corporelle : une telle âme donne à la matière une détermination formelle, mais en elle-même elle n'est pas matière, puisqu'en elle-même elle est acte et la matière seulement potentialité ; elle n'a pas non plus de matière proprement dite dans sa constitution, en tant qu'âme, car, si un de ses éléments constitutifs était matière, elle serait dans son tout matière animée, c'est-à-dire corps vivant, et ce qui ne serait pas matière dans sa constitution serait le principe de vie, l'âme, de l'autre élément qui serait matière. Le tout animé serait alors un être complet, une substance intégrale, qui n'aurait plus besoin d'autre chose pour être définitivement constituée : cette âme, déjà unie à la matière, n'aurait plus à animer un autre corps.

Ce qui fait la vigueur de cet argument, c'est que toute forme, étant principe d'être et d'agir, est acte, et partant ne saurait être matière ni avoir de matière en soi, puisque matière signifie élément exclusivement potentiel

Saint Thomas insiste ailleurs sur ce même argument. « Il faut considérer, dit-il, que, si l'on posait que l'âme est composée de matière et de forme, en aucune manière on ne pourrait dire que l'âme est forme du corps. Car, puisque la forme est acte, tandis que la matière est être seulement en puissance, en aucune manière ce qui est composé de matière et de forme ne peut être forme selon soi-même tout entier d'un autre élément. Et, si l'âme est forme selon quelque chose d'elle-même, ce qui est forme nous l'appelons âme, et ce dont elle est forme nous l'appelons premier animé (1) ».

mus esse animam, et illam materiam, cujus primo est actus, dicemus esse primum animatum (I, q. LXXV, a. 5).

(1) Est autem attendendum quod, si quis poneret animam componi ex materia et forma, nullo modo posset dicere animam esse formam corporis. Quum enim forma sit actus, materia vero sit ens in potentia tantum, nullo modo id quod est ex materia et forma compositum potest esse alterius forma secundum se totum. Si autem secundum aliquid sui sit forma, id quod est forma dicimus animam, et id cujus est forma dicimus primum animatum, ut supra dictum est (I, q. LXXVI, a. 1).

forme de quelque corps. Elle est donc forme, ou bien selon elle-même tout entière, ou bien selon quelque partie d'elle-même. Si c'est selon elle-même tout entière, il est impossible qu'une partie d'elle soit matière, si l'on appelle matière quelque être seulement en puissance : car la forme, en tant que forme, est acte ; et ce qui est seulement en puissance ne peut être partie d'acte, puisque la puissance répugne à l'acte, comme contraire à l'acte dans la division de l'être. Si, au contraire, elle est forme selon quelque partie d'elle-même, c'est cette partie que nous dirons être l'âme, et cette matière, dont premièrement elle est acte, nous dirons qu'elle est le premier animé (1) ».

(1) Est enim de ratione animæ quod sit forma alicujus corporis. Aut igitur est forma secundum se totam, aut secundum aliquam partem sui. Si secundum se totam, impossibile est quod pars ejus sit materia, si dicatur materia aliquod ens in potentia tantum, quia forma, inquantum forma, est actus ; id autem quod est in potentia tantum, non potest esse pars actus, quum potentia repugnet actui, utpote contra actum divisa. Si autem sit forma secundum aliquam partem sui, illam partem dice-

mais, malgré sa simplicité de nature, elle ne peut exister actuellement que si Dieu lui donne l'être (1).

Cette simplicité, cette immatérialité, n'est pas le privilège exclusif de l'âme humaine. A vrai dire, tout principe de vie la possède, par cela même qu'il est forme donnant l'être vital à un corps matériel.

Si un corps est vivant, ce n'est pas parce qu'il est corps, puisqu'il y a des corps qui ne vivent pas, mais c'est parce qu'il a une nature particulière parmi les corps, parce qu'il a, tout en étant du genre corporel, une détermination spécifique qui donne une marque distinctive à son être et, par suite, à ses opérations, c'est-à-dire une forme d'être, une actualité spéciale et positive, qui est le principe fondamental des actions vitales.

Voici par quel raisonnement ingénieux saint Thomas démontre l'immatérialité de tout principe de vie qui anime un corps: « Il est de la nature de l'âme, dit-il, qu'elle soit

(1) Anima etsi sit forma simplex secundum suam essentiam, non tamen est suum esse, sed est ens per participationem, ut ex supra dictis patet (I, q. xc, a. 1, ad 2).

tion, par un changement de forme spécifique, que l'âme peut perdre son être actuel : elle est forme elle-même et reste toujours même forme.

Si l'âme ne saurait exister sans composition d'essence et d'être, elle n'en n'est pas moins essentiellement simple, tandis que dans les sujets matériels l'essence même a une dualité d'éléments, matière et forme, et doit être en ses deux éléments actualisée par l'être naturel (1).

L'âme n'est pas double en son essence ;

---

(1) In rebus compositis est considerare duplicem actum et duplicem potentiam. Nam primo quidem materia est ut potentia respectu formæ, et forma est actus ejus; et iterum natura constituta ex materia et forma est ut potentia respectu ipsius esse, inquantum est suceptiva ejus. Remoto igitur fundamento materiæ, si remaneat aliqua forma determinatæ naturæ per se subsistens, non in materia, adhuc comparabitur ad suum esse ut potentia ad actum : non dico autem ut potentiam separabilem ab actu, sed quam semper suus actus comitetur. Et hoc modo natura spiritualis substantiæ, quæ non est composita ex materia et forma, est ut potentia respectu sui esse ; et sic in substantia spirituali est compositio potentiæ et actus (Q. disp. *de Spirit. creat.*, a. 1).

nécessité absolue d'être: par son essence, elle peut être; sa nature, à ce point de vue, est possible. Pour que l'âme soit positivement, il faut que, par création, l'être complète actuellement la possibilité de sa nature; et dès lors, l'âme existante demeure un composé de possibilité et d'actualité, d'essence et d'être (1).

Mais son essence, considérée comme pouvant être, n'est pas une matière au sens que nous avons donné au mot matière : ce n'est pas un élément sans forme spécifique, qui ait besoin d'être déterminé par un principe formel et qui puisse être privé d'une forme substantielle pour en recevoir une autre. C'est la forme même qui, dans l'âme, est complétée par l'actualité de l'être, et, si cet être qui lui est donné par le Créateur peut à la rigueur lui être retiré, ce n'est pas par une transforma-

(1) Solus Deus, qui est ipsum suum esse, est actus purus et infinitus. In substantiis vero intellectualibus est compositio ex actu et potentia, non quidem ex materia et forma, sed ex forma et esse participato. Unde a quibusdam dicuntur componi ex *quo est* et *quod est* : ipsum enim esse est quo aliquid est (I, q. LXXV, a. 5, ad 4).

I

SIMPLICITÉ DE L'AME

I. — L'âme humaine, comme toute créature, est un composé d'essence et d'être actuel. Mais, dans son essence, elle est simple, sans composition de matière et de forme : car en elle-même elle est forme. — Néanmoins, elle a de nombreuses puissances d'opération.

II. — L'âme humaine n'est pas corps, elle n'est pas étendue, et cela précisément parce qu'elle n'a pas de matière en elle-même. La simplicité de l'acte intellectuel est, d'ailleurs, une preuve de la simplicité incorporelle de l'âme.

I. — Si l'on entendait par simplicité l'absence absolue de composition à tout point de vue, notre âme ne serait pas digne d'être appelée simple : car Dieu seul a une simplicité aussi parfaite ; lui seul est tout acte, acte pur, sans composition aucune dans ce qu'il est.

Il faut donc avouer que dans l'âme humaine on peut distinguer du possible et de l'actuel. Pas plus qu'aucune autre créature, elle n'a

n'agir qu'avec elle. L'âme de l'homme sensitif a donc, au moins, ce degré d'immatérialité, que nous appellerons la simplicité.

Mais l'homme est raisonnable, doué de véritable intelligence et de volonté intellectuelle : à ce titre, il lui faut une âme d'une nature supérieure, une âme qui soit vraiment un esprit, une forme spirituelle.

Simplicité et spiritualité, tels sont les deux caractères fondamentaux sous lesquels se présente l'âme humaine : il convient de les mettre en relief et de les montrer en pleine lumière.

L'AME HUMAINE

INTRODUCTION

L'âme humaine a deux caractères fondamentaux : simplicité et spiritualité.

Parmi les diverses formes d'existence et d'activité, l'âme humaine tient une place éminente. Nous devons donc étudier sa nature avec une attention toute particulière et nous efforcer de bien voir en quoi elle ressemble aux formes inférieures, en quoi elle en diffère.

L'homme est animal : l'âme qui est le principe de sa vie sensitive, doit avoir, au moins, une perfection égale à celle de tout autre animal. Or, sentir suppose une âme qui ne soit pas matière, bien qu'elle puisse dépendre de la matière au point de n'exister qu'en elle et de

V

L'AME HUMAINE

corps et, par conséquent, à la matière. Le principe de cette vie, l'âme sensitive, y doit être aussi entièrement attaché ; il n'a donc pas, dans l'animal, d'être à part qui le fasse subsister de façon indépendante. C'est la conclusion de saint Thomas : « L'âme sensitive, dit-il, n'a pas d'opération propre par elle-même, mais toute opération de l'âme sensitive est du composé. Il reste donc que les âmes des bêtes, puisqu'elles n'opèrent pas par elles-mêmes, ne sont pas subsistantes : car toute chose a semblablement l'être et l'opération (1). »

(1) Et sic manifestum est quod anima sensitiva non habet aliquam operationem propriam per seipsam ; sed omnis operatio sensitivæ animæ est conjuncti. Ex quo relinquitur quod, quum animæ brutorum animalium per se non operentur, non sint subsistentes : similiter enim unumquodque habet esse et operationem (I, q. LXXV, a. 3).

la bête, est visiblement une dépendance de l'appétit; le désir le porte en avant, l'aversion le fait fuir, par un mouvement corporel qui est le prolongement de ce qu'éprouve son âme. Quant à l'agilité que le principe de vie animale donne aux membres pour les rendre dociles à son impulsion appétitive, c'est une vertu physique qu'il leur confère, une mobilité naturelle qui évidemment est dans le corps même (1).

Voilà donc toute la vie propre de l'animal, sensation, passion, mouvement, attenante au

---

(1) Jam ostensum est quod operatio animæ brutalis quæ est sentire, non potest esse sine corpore. Multo autem magis hoc apparet in operatione ejus quæ est appetere: nam omnia quæ ad appetitum sensitivæ partis pertinent, manifeste cum transmutatione aliqua corporis fiunt; unde et passiones animæ dicuntur. — Ex quibus sequitur quod nec ipsum movere sit operatio animæ sensitivæ absque organo. Non enim movet anima brutalis nisi per sensum et appetitum; nam virtus quæ dicitur exequens motum, facit membra esse obedientia imperio appetitus; unde magis sunt virtutes perficientes corpus ad moveri quam virtutes moventes. Sic igitur patet quod nulla operatio animæ brutalis potest esse absque corpore (*C. Gent.*, lib. II, c. LXXXII).

animaux ne perfectionnent pas eux-mêmes leurs actions instinctives : « toute hirondelle, disait saint Thomas, fait pareillement son nid, et toute araignée pareillement sa toile (1) ».

Si nous examinions les appétits, les passions de l'animal, nous y reconnaîtrions aussi une étroite liaison avec le corps ; saint Thomas pense même que l'attache à l'organisme est encore plus manifeste dans les opérations appétitives et passionnelles : là, les modifications physiques sont une conséquence directe des émotions de l'âme, qui se traduisent par elles ; le mouvement et l'échauffement du sang, l'agitation des membres, la surexcitation ou l'abattement du corps, par exemple, apparaissent comme l'expression même de la colère, de l'amour, du plaisir ou de la douleur.

La force motrice de l'âme sur le corps, dans

---

(1) In animabus autem brutorum non est invenire aliquam operationem superiorem operationibus sensitivæ partis : non enim intelligunt neque ratiocinantur ; quod ex hoc apparet quia omnia animalia ejusdem speciei similiter operantur, quasi a natura motæ et non ex arte operantes ; omnis enim hirundo similiter facit nidum, et omnis aranea similiter telam (*C. Gent.*, lib. II, c. LXXXII).

La puissance de sentir est acte d'un organe, c'est-à-dire, d'après l'explication de saint Thomas, qu'elle est comme une qualité d'un organe corporel, déterminé par elle à l'accomplissement de l'opération qui appartient à cette puissance : ainsi la puissance de voir donne à l'œil la perfection nécessaire à l'accomplissement de l'acte de vision (1).

Cette incorporation des facultés sensitives à l'organisme est la cause de l'infériorité des connaissances animales. De là vient l'impuissance de la bête à réfléchir, à raisonner comme l'homme, à varier comme lui indéfiniment ses œuvres par un art souple et intelligent, toujours à la recherche du progrès. Sauf, peut-être, quelques changements de détails, les

---

cujuslibet sensitivæ potentiæ est forma prout in materia corporali existit. Et quia hujusmodi materia est individuationis principium, ideo omnis potentia sensitivæ partis est cognoscitiva particularium tantum (I, q. LXXXV, a. 1).

(1) Potentia potest esse actus corporis... inquantum est potentia quædam : et sic dicitur esse corporis inquantum informat aliquod organum corporale ad actum proprium exequendum ; sicut potentia visiva perficit oculum ad exequendum actum visionis (Q. disp. *de Veritate*, q. XXVI, a. 9, ad 3).

sens et l'imagination sont des forces fixées aux organes corporels; et voilà pourquoi les similitudes des choses sont reçues en elles matériellement, c'est-à-dire avec les conditions matérielles, bien que sans matière : en raison de quoi elles connaissent les réalités singulières (1).
— Une certaine puissance de connaître est acte d'organe corporel, à savoir le sens; c'est pour cela que l'objet de toute puissance sensitive est une forme en tant qu'elle existe dans une matière corporelle. Et c'est parce qu'une telle matière est principe d'individuation, que toute puissance de l'ordre sensitif est capable seulement de connaître les choses particulières (2). »

siva, quia hæc potentia est actus talis organi animati. Remoto autem organo, remanet ibi anima, non tamen potentia visiva (Q. disp. *de Spiritualibus creaturis*, a. 4, ad 11).

(1) Sensus et imaginatio sunt vires organis affixæ corporalibus; et ideo similitudines rerum recipiuntur in eis materialiter, id est cum materialibus conditionibus, quamvis absque materia, ratione cujus singularia cognoscunt (Q. disp. *de Veritate*, q. ıı, a. 5, ad 2).

(2) Quædam enim cognoscitiva virtus est actus organi corporalis, scilicet sensus; et ideo objectum

lui manque, ni que sa voix ne soit pas assez flexible : le perroquet répète la parole humaine et la contrefait quelquefois au point que l'on peut s'y méprendre. Mais une langue est un composé de termes abstraits et universels, applicables à un nombre indéfini d'objets ou d'idées ; et c'est parce qu'il ne peut saisir l'abstrait et l'universel, que l'animal ne parle pas. S'il a cette incapacité, ce n'est point parce qu'il est simplement individuel, car évidemment tout être, l'homme même, est individuel, dès lors qu'il existe ; mais c'est que l'animal est matériellement individuel, et que ses facultés de connaître sont puissances de ses organes mêmes, des parties de son corps organisées spécialement pour les posséder.

Saint Thomas exprime très vigoureusement le rôle de l'organe corporel dans l'existence actuelle et l'action du sens externe ou interne. « Si l'œil était dans le pied, dit-il, là serait la puissance de vision, parce que cette puissance est acte d'un tel organe animé. Cet organe n'y étant pas, l'âme y demeure, mais non cependant la puissance de vision (1). — Le

---

(1) Si oculus esset in pede, esset ibi potentia vi-

caractères de la connaissance animale expriment cette dépendance. Tout ce qui est corporel porte la marque d'une singularité matérielle : les dimensions étendues asservissent tout corps à une individualité bornée et circonscrite, qui est la manifestation d'une impuissance à se dégager de la matière passive. Forme de substance ou forme de qualité, tout principe d'être et d'agir, dès qu'il est dans la matière, s'il y est tout entier, est emprisonné dans une quantité dont il ne peut s'affranchir : cette quantité le retient ici et maintenant, le restreint au singulier du lieu et du temps. Or, précisément, les sens ne perçoivent que les réalités singulières, n'associent, n'élaborent que des données individuelles dans leur connaissance ; si bien doué que soit un animal, il ne voit, n'entend, ne flaire, ne goûte, ne touche que ceci et cela, n'imagine, ne se rappelle que ceci et cela, n'apprécie les choses et ne les juge que sous des déterminations particulières. Rien ne nous autorise à supposer qu'il connaisse d'une façon plus large, qu'il universalise sa connaissance ; car il ne parle pas : et pourquoi ne parlerait-il point, s'il avait des notions universelles ? Ce n'est pas que la voix

Un organe matériel et étendu peut donc être le sujet d'un acte simple de conscience, comme il peut être le sujet d'une puissance simple; et un tel organe peut même être complexe, comme tout le système nerveux, par exemple: la faculté d'avoir conscience de sentir peut embrasser dans son unité un tel système tout entier et en soumettre toutes les parties à son opération; à plus forte raison, peut-elle occuper par l'unité de son action une fraction de cet ensemble, le cerveau, par exemple, ou telle partie du cerveau.

Nous ne voyons donc pas de raison suffisante pour détacher de l'organisme les puissances de connaissance sensitive.

II. — Ajoutons qu'il y a de bonnes raisons pour laisser les puissances sensitives attachées aux organes et, par suite, pour laisser l'âme de la bête dépendante du corps. Les

enim est agere. Compositum autem per formam substantialem habet esse substantialiter; per virtutem autem, quæ consequitur formam substantialem, operatur. Unde sic se habet forma accidentalis activa ad formam substantialem, ut calor ad formam ignis, sicut se habet potentia animæ ad animam (I, q. LXXVII, a. 1, ad. 3).

cipe immédiat d'agir, qui est la puissance d'opération, et du principe éloigné, mais fondamental, qui est la forme de substance (1). Il en est ainsi dans le vivant sensible, dans l'animal. L'âme qui le fait vivre, est simple dans son essence et dans son être, et, comme cet être est l'être aussi du corps qu'elle anime, ce corps a une simplicité d'être, qui unifie ses diverses parties. Les puissances de vie sensitive que l'âme fait naître dans l'organisme, sont simples comme elle, qui est leur principe; et leur opération qui, par dérivation, a sa simplicité aussi, rassemble dans son unité les parties multiples de l'organe qui concourt à la produire. De même, donc, que le corps brut, tout étendu qu'il est, a une activité simple émanée de la forme simple de sa substance, de même le corps de l'animal a, dans son étendue même, des puissances simples de sensibilité, qui découlent de la simplicité de son âme (2).

(1) Hoc ipsum quod forma accidentalis est actionis principium, habet a forma substantiali, et ideo forma substantialis est primum actionis principium, sed non proximum (I, q. LXXVII, a. 1, ad 4).

(2) Actio est compositi, sicut et esse; existentis

En même temps que son organe, le sens est affaibli par l'excès d'impression sensible : ce qui montre sa dépendance à l'égard du corps. La divisibilité de la matière étendue n'est pas un obstacle à cette dépendance ; elle peut s'allier même à l'unité de conscience, caractère de la sensation complète. En effet, ce n'est pas seulement dans la sensibilité que l'unité se trouve : le corps inorganique, lui-même, est un dans son être et dans son activité, tout composé qu'il soit de parties extérieures les unes aux autres dans son étendue naturelle. Ce qui fait l'unité dans cette multiplicité, c'est la simplicité essentielle de la forme qui constitue la substance avec la matière. Les formes secondaires qui découlent de la forme substantielle, participent à la simplicité de leur source ; elles peuvent être plusieurs, mais chacune est simple, chacune a son unité particulière, et, quand l'une agit, son action a de l'unité, en vertu à la fois du prin-

---

mili transmutatur ; et hujusmodi transmutatio per accidens se habet ad actum apprehensivæ virtutis sensitivæ, puta quum oculus fatigatur ex forti intuitu vel dissolvitur ex vehementia visibilis (I-II, q. XXII, a. 2, ad 3).

par l'organe même, qu'il en est ébranlé accessoirement, si elle est disproportionnée avec son organisation, et qu'il est alors troublé dans l'harmonie de ses dispositions matérielles, bien que ce ne soit pas par une variation physique que l'organe soit déterminé à sentir. Par exemple, ce n'est pas parce qu'il devient coloré que l'œil perçoit la couleur, ni parce qu'il devient lumineux qu'il perçoit la lumière; et cependant, une lumière trop vive le fatigue, le blesse; il n'en peut supporter l'éclat et souffre, dans sa constitution corporelle même, d'avoir à le subir (1).

(1) Sensus enim, licet non patiatur a sensibili passione proprie accepta, patitur tamen per accidens, inquantum organi proportio corrumpitur ab excellenti sensibili (in III *de Anima*, lect. VII). — Sicut dictum est, q. LXXVIII, a. 3, dupliciter organum animæ potest transmutari. Uno modo transmutatione spirituali, secundum quod recipit intentionem rei; et hoc per se invenitur in actu apprehensivæ virtutis sensitivæ; sicut oculus immutatur a visibili, non ita quod coloretur, sed ita quod recipiat intentionem coloris. Est autem alia naturalis transmutatio organi, prout organum transmutatur quantum ad suam naturalem dispositionem, puta quod calefit aut infrigidatur, vel alio modo si-

que les formes des sensibles sont reçues sans la matière dans les organes de sentir, comme il est dit au deuxième livre du *Traité de l'Ame* (1). »

Il faut remarquer, cependant, que, tout en n'étant modifié que *spirituellement* dans la sensation, l'organe du sens, d'après saint Thomas, est tellement soumis à l'action du sensible, qu'il peut être désorganisé par l'impression d'un sensible trop fort et perdre ainsi la faculté de sentir (2). Il semble que ce fait soit en contradiction avec la théorie qui nie la passion physique dans l'opération du sens. L'explication paraît être celle-ci : la modification « spirituelle » est si bien éprouvée

---

(1) Quamvis vis apprehensiva sensitiva immutetur simul cum organo corporali, non tamen est ibi passio, proprie loquendo ; quia in operatione sensus non transmutatur organum corporale, per se loquendo, nisi spirituali immutatione, secundum quod species sensibilium recipiuntur in organis sentiendi sine materia, ut dicitur in II *de Anima* (Q. disp. *de Veritate*, q. XXVI, a. 3, ad. 11).

(2) Sensitivum patitur a sensibili cum corporis immutatione : unde excellentia sensibilium corrumpit sensum (I, q. LXXV, a. 3, ad. 2).

à disposer l'organe de la façon qu'exige l'acte sensitif, et, si cette préparation physique est mal faite, la sensation ne peut se produire.

Néanmoins, ce n'est pas un état ni une modification du genre physique qui déterminent directement et immédiatement l'opération d'un sens : il faut pour cela une modification moins matérielle, qui soit dans l'organe en même temps que dans la puissance sensitive, mais qui ne le fasse point pâtir physiquement comme le feraient la chaleur ou un mouvement de vibration. Saint Thomas appelle cette modification « spirituelle », précisément à cause de ce caractère non physique : « Bien que la puissance sensitive de connaître, dit-il, soit modifiée avec l'organe corporel, il n'y a là cependant point de passion, à proprement parler ; car, dans l'opération du sens, l'organe corporel n'est modifié, à proprement parler, que d'une modification spirituelle, en tant

---

elementorum, quasi elementorum virtutes ad eam causandam sufficiant, sicut sufficiunt ad causandam duritiem et mollitiem ; non autem negatur quin instrumentaliter aliquo modo cooperari possit. (Q. disp. *de Potentia*, q. III, a 11, ad. 17).

En effet, la distinction radicale entre les modifications physico-chimiques et la connaissance ne prouve nullement que le même organe corporel ne puisse pas être sujet et de ces modifications et d'un acte de sentir, ni qu'une qualité de l'ordre physique ne puisse pas, par le même organe, être possédée en même temps qu'une puissance sensitive : ce sont des réalités différentes qui peuvent coexister dans la même partie du corps, et avoir ensemble une attache à la matière de l'organe; elles ne se confondent pas, mais elles sont associées, collaborent même à la sensation, ce qui est physique comme annexe extrinsèque, ce qui est de l'ordre sensitif comme principe intrinsèque de l'opération. C'est ainsi que saint Thomas a pu dire : « On nie qu'une puissance de connaître vienne de l'action des éléments comme si les vertus des éléments suffisaient pour la causer, comme elles suffisent pour causer la dureté et la mollesse; mais on ne nie point que cette action ne puisse coopérer instrumentalement de quelque manière (1). » Cette coopération consiste

(1) Virtus cognoscitiva negatur esse ab actione

ne se comporte pas dans le sentir comme chose mouvante et agissante, mais comme ce par quoi un patient pâtit; et cela ne peut être divers, quant à l'être, du sujet patient. Donc, l'âme sensible n'est pas, quant à l'être, diverse du corps animé (1). » Cette conclusion ne tient pas debout, si aucun organe, en tant que partie étendue du corps, ne peut être le sujet d'une sensation consciente, à cause de l'unité même de toute conscience, et si, comme il est facile de le constater, toute sensation complète est consciente.

Mais les objections que nous venons de soulever, se réfutent aisément.

(1) Ut probat Philosophus, *de Anima* II, sentire accidit in moveri a sensibilibus exterioribus... Organum igitur sensus movetur et patitur in sentiendo, sed ab exteriori sensibili. Illud autem quod patitur, est sensus: quod ex hoc patet, quia carentia sensu non patiuntur a sensibilibus tali modo passionis. Sensus igitur est virtus passiva ipsius organi. Anima igitur sensitiva non habet se in sentiendo sicut movens et agens, sed sicut quo patiens patitur; quod impossibile est esse diversum, secundum esse, a patiente. Non est igitur anima sensibilis, secundum esse, diversa a corpore animato (*C. Gent.*, lib. II, c. LVII).

complet de sentir : l'organe corporel, étendu, aurait donc, de ce chef, incapacité de coopérer intrinsèquement à la sensation. Cependant, saint Thomas enseigne positivement que « l'organe d'une puissance sensitive est principe de l'opération de cette puissance ; si bien que sentir, qui est un certain acte de pâtir, n'est pas de l'âme seulement, mais de l'organe animé (2). » Et il fonde sur cette assertion la preuve, que l'âme sensitive, dans son être même, est identifiée avec le corps vivant : « Comme le prouve, dit-il, le Philosophe, dans le deuxième livre du *Traité de l'Ame*, sentir arrive dans le fait même d'être mû par les sensibles extérieurs... Donc, l'organe du sens est mû et pâtit dans l'acte de sentir, mais par le sensible extérieur. Or, ce qui pâtit, est le sens ; car les êtres qui manquent d'un sens, ne pâtissent point par les sensibles d'une telle manière de pâtir. Le sens est donc vertu passive de l'organe même. Donc, l'âme sensitive

---

(2) Organum alicujus potentiæ est principium operationis illius potentiæ (Q. disp. *de Anima*, a. 2, ad. 3). — Sentire enim, quod est pati quoddam, non est animæ tantum, sed organi animati (Q. disp. *de Anima*, a. 6, ad. 14).

et les autres qualités corporelles de même genre soient nécessaires à l'opération du sens, ce n'est pas cependant par le moyen de la vertu de ces qualités que l'opération de l'âme sensible procède, mais elles sont requises seulement pour la bonne disposition de l'organe (1). » Il faut avoir présente à l'esprit cette déclaration très nette, pour ne pas être exposé à accuser saint Thomas de matérialiser la sensation et, en général, toute connaissance par les sens.

On pourrait objecter encore que la divisibilité de tout ce qui est corps, la multiplicité de parties extérieures les unes aux autres, dans tout ce qui est étendu, sont incompatibles avec l'unité de conscience que possède l'acte

---

(1) Est autem alia operatio animæ infra istam, quæ quidem fit per organum corporale, non tamen per aliquam corpoream qualitatem : et talis est operatio animæ sensibilis; quia etsi calidum et frigidum et humidum et siccum et aliæ hujusmodi qualitates corporeæ requirantur ad operationem sensus, non tamen ita quod mediante virtute talium qualitatum operatio animæ sensibilis procedat; sed requiruntur solum ad debitam dispositionem organi (I, q. LXXVIII, a. 1).

ment d'appréciation, qu'il met en jeu sa mémoire.

Evidemment, l'organisme et particulièrement le système nerveux, avec ses dispositions, ses modifications matérielles, ce sont des conditions nécessaires à la connaissance sensitive. Ne sont-ce que des conditions ? Tout cet appareil reste-t-il extérieur à l'acte de sentir, ou bien est-il, conjointement avec l'âme, le sujet même de cet acte ? Voilà le point capital à éclaircir.

Il semble que tout organe matériel, avec ses qualités, ses mouvements, ses modifications de l'ordre physico-chimique, doive demeurer extrinsèque à toute opération des sens ; car il y a distinction radicale entre ce qui est de cet ordre et ce qui appartient à la connaissance, même inférieure.

Et certes, saint Thomas reconnaît expressément cette distinction. « Au-dessous de l'opération de l'âme raisonnable, dit-il, il y a une autre opération de l'âme, qui, sans doute, se fait par un organe corporel, non pas cependant par quelque qualité corporelle : et telle est l'opération de l'âme sensible. Et en effet, bien que le chaud et le froid et l'humide et le sec

l'animal a ceci de particulier, qu'il suit la connaissance sensible, ainsi porte la bête à désirer, à rechercher ce qu'elle sent comme son bien, l'en fait jouir quand elle le possède, la fait souffrir quand elle en est privée, l'enflamme d'ardeur pour le conquérir ou pour repousser le mal qui l'en prive.

L'appétit animal est donc de même ordre que la connaissance ; il se meut et met la bête en mouvement dans la sphère de la sensation. C'est donc la connaissance par les sens qui est la note principale de l'animalité ; c'est sur ce genre d'opérations que doit se concentrer notre attention, pour y découvrir une raison suffisante d'indépendance vis-à-vis de la matière, au profit de l'âme sensitive elle-même.

On ne peut nier, tout d'abord, que les opérations des sens externes ou internes n'exigent un concours des organes corporels : d'une certaine manière, c'est au moyen de l'œil que l'animal voit, de l'oreille qu'il entend, et ainsi des autres sensations ; dans les espèces supérieures, c'est au moyen du système nerveux, dont le cerveau est la partie dominante, qu'il a conscience de sentir, qu'il se représente l'objet absent, qu'il exerce son juge-

connaissance paraît exiger l'immatérialité. Saint Thomas affirme même que l'immatérialité est proprement ce qui rend un sujet capable de connaître (1).

Mais il y a plusieurs degrés dans l'immatérialité, telle que l'entend saint Thomas : il s'agit de savoir si l'âme des bêtes est à tel point immatérielle qu'elle ait de quoi subsister en elle-même, ou si son immatérialité a besoin d'un élément matériel qui la soutienne pour former un être subsistant.

C'est dans les caractères des opérations animales que nous pourrons trouver la solution du problème. Si l'âme des bêtes est indépendante de la matière, elle le manifestera dans ses actes.

Or, l'animal a connaissance et appétit : il prend sensation des objets extérieurs, et il tend vers son bien sensible. L'appétit appartient à toute substance, à titre de tendance simplement naturelle vers ce qui convient à l'être : c'est le ressort qui pousse en avant toute l'évolution de la nature. Mais l'appétit chez

---

(1) Immaterialitas alicujus rei est ratio quod sit cognoscitiva (I, q. xiv, a. 1).

II

L'AME DES BÊTES

I. — Discussion des objections qui tendraient à prouver que l'âme des bêtes est indépendante de la matière. Il n'y a pas de raison suffisante pour que les puissances sensitives soient indépendantes de l'organisme, ni, par conséquent, pour que l'âme sensitive des bêtes soit indépendante du corps.

II. — La singularité matérielle de la connaissance animale montre la dépendance de l'âme des bêtes à l'égard de la matière. On peut voir aussi cette dépendance dans les passions animales et les mouvements qu'elles provoquent.

I. — Avec l'animal se pose un problème très délicat : l'âme qui le fait vivre, est-elle subsistante en elle-même, ou bien dépendante de la matière comme l'âme du végétal ?

A première vue, il semble qu'avec l'animalité nous soyons de suite transportés dans un ordre tout à fait supérieur à la matière ; car tout animal a quelque connaissance, et toute

forme donnant l'être actuel à la matière ; néanmoins, elle est, de son essence, tellement imparfaite, que sa destinée n'est pas autre que de composer le corps de la plante avec la matière, de le faire vivant et capable de végéter au moyen de ses organes matériels.

L'âme végétative est donc, à tous égards, substance incomplète, aussi bien que la forme du corps inorganique.

Les puissances de cette âme, tenant d'elle tout ce qu'elles sont et toute leur énergie, ne sauraient dépasser la sphère où elle est enfermée : comme l'âme, elles sont retenues par la matière, n'existant et n'agissant qu'avec celle-ci et en elle, si bien qu'elles sont puissances de l'organe même, agent matériel des opérations vitales qui leur sont dévolues ; là est leur sujet, et c'est cet organe, à la fois corporel et animé, qui opère par elles (1). Racine, écorce, tissu végétal, feuille ou fleur, toute partie de la plante fait corporellement ce qu'elle a à faire ; c'est du corps végétal qui collabore à l'alimentation, à la croissance, à l'action génératrice : l'âme de cette végétation est, sans doute, en soi un principe qui n'est pas matière, mais

consistere nisi in unione ad corpus; quod eorum operationes ostendunt, quæ sine organo corporali esse non possunt : unde nec esse earum est eis absolute sine dependentia ad corpus (Q. disp. *de Potentia*, q. III, a. 11.).

(1) Secundum Philosophum, in libro *de Somno et Vigilia*, cap. I ante med., cujus est potentia, ejus est actio. Unde potentiæ illæ quarum operationes non sunt solius animæ, sed conjuncti, sunt in organo sicut in subjecto (Q. disp. *de Spirit. creat.*, a. 4, ad 3).

d'une activité supérieure à la nature inorganique, mais elle est insuffisante pour prouver l'indépendance du principe de vie végétative : la substance composée de matière et de forme, étant un être, a l'unité suffisante pour agir avec une tendance naturelle, de laquelle peut résulter la direction spéciale des opérations de la vie, si la forme substantielle de cet être est de l'ordre vital, sans qu'il soit nécessaire que celle-ci puisse subsister sans matière. Puisque la matière n'empêche pas le corps brut d'être actif, à sa manière, elle n'empêchera pas non plus le corps vivant, dans la constitution duquel elle entre, d'avoir son activité propre, si tout montre cette activité appliquée à produire du corporel, donc du matériel, en y employant les forces mêmes de la nature brute. En somme, l'âme végétative, forme substantielle de la plante, est, elle aussi, plongée tout entière dans la matière ; elle ne peut s'en dégager, pour agir par elle seule ; elle n'est donc pas subsistante en elle-même, puisque l'action est l'expression de l'être : c'est le composé vivant qui subsiste par elle (1).

(1) Esse autem hujusmodi animarum non potest

tériel (1). Faire du corps vivant, c'est le but de la nutrition, de l'accroissement, de la génération, dans la plante; et cela, c'est faire de la substance corporelle, c'est transformer de la matière, et les instruments de cette transformation sont les mêmes forces que celles dont se servent les corps bruts, sous une direction spéciale, toutefois, imprimée par la force vitale (2). Cette direction est bien l'expression

(1) Quantum ad id quod agitur, non omnis actio transcendit actionem naturæ inanimatæ : oportet enim quod fit esse naturale, et quæ ad ipsum requiruntur, sic in corporibus inanimatis, sicut in corporibus animatis; sed in corporibus inanimatis fit ab agente extrinseco, in corporibus vero animatis ab agente intrinseco ; et hujusmodi sunt actiones ad quas ordinantur potentiæ animæ vegetabilis... Et propter hoc prædictæ vires animæ dicuntur naturales (Q. disp. *de Anima*, a. 13).

(2) Infima autem operationum animæ est quæ fit per organum corporeum et virtute corporeæ qualitatis. Supergreditur tamen operationem naturæ corporeæ ; quia motiones corporum sunt ab exteriori principio ; hujusmodi autem operationes sunt a principio intrinseco : hoc enim commune est omnibus operationibus animæ ; omne enim animatum aliquo modo movet seipsum. Et talis est operatio animæ vegetabilis (I, q. LXXVIII, a. 1).

physique du treizième siècle, nous n'avons, comme alors, aucune raison de supposer que les corps inorganiques opèrent indépendamment de la matière, ni, par conséquent, aucun motif de penser que les formes constitutives de leurs substances soient elles-mêmes indépendantes de la matière, à laquelle elles sont unies naturellement. Dans l'ordre physico-chimique, comme il n'y a pas de force sans matière ni de matière sans force, aussi ne peut-il y avoir de forme substantielle sans matière, pas plus que de matière sans forme substantielle : la forme est aussi incapable que la matière de subsister seule à part.

II. — Que dire des végétaux ? Certes, ce sont des vivants ; ils sont moins passifs que les corps bruts ; leurs puissances sont particulièrement actives, puisqu'elles transforment les substances environnantes en substance propre et vivante du végétal, produisent une augmentation de son corps et engendrent un végétal semblable, toutes opérations essentiellement efficientes. Mais ils n'agissent que par les forces physico-chimiques, et l'effet de leur action est corporel, par conséquent ma-

licien, que « ce qui est premier, en chaque genre, est cause à l'égard de ce qui vient après (1) ».

Mais les actions des corps célestes, exercées au moyen du mouvement dans l'espace, restaient par là-même matérielles à leur point de départ, et les substances qu'elles faisaient engendrer par les qualités des éléments inférieurs ne pouvaient être que des substances matérielles, en tant qu'elles étaient le résultat éloigné de l'opération des astres.

Il est vrai que les astres lumineux, le soleil par exemple, avaient aussi une qualité active, d'une nature particulière, la lumière, qui illuminait l'air (2) ; mais cela encore était matériel et dans son origine et dans son terme.

Sans adopter toutes les hypothèses de la

(1) Primum in quolibet genere est causa eorum quæ sunt post. Inter omnes autem alios motus, primus est motus cœli... Oportet ergo quod motus cœli causa sit omnium aliorum motuum (*C. Gent.*, lib. III, c. LXXXII).

(2) Sicut calor est qualitas activa consequens formam substantialem ignis, ita lux est qualitas activa consequens formam substantialem solis vel cujuscumque alterius corporis a se lucentis, si aliquod aliud tale est (I, q. LXVII, a. 3).

considérait les astres comme des corps d'un genre supérieur, mus seulement d'un mouvement local, par simple déplacement dans l'espace, et causant par l'influence lointaine de ce mouvement une augmentation de puissance physique dans les corps inférieurs, ceux de la terre : c'est ainsi que les qualités actives des éléments terrestres acquéraient capacité d'engendrer même des substances, et non pas seulement des qualités semblables (1). Le mouvement local, le plus simple des mouvements, des changements physiques, était le premier des mouvements, dans la nature même des choses, et, à ce titre, le plus fécondant, le plus générateur, en vertu de ce principe aristoté-

(1) Principia activa in istis inferioribus corporibus non inveniuntur nisi qualitates activæ elementorum, quæ sunt calidum et frigidum et hujusmodi... Sed recte considerantibus apparet quod hujusmodi accidentia se habent sicut materiales dispositiones ad formas substantiales naturalium corporum; materia autem non sufficit ad agendum ; et ideo oportet super has materiales dispositiones ponere aliquod principium activum... Et ideo quidquid in istis inferioribus generat et movet ad speciem, est sicut instrumentum cœlestis corporis (I, q. cxv, a. 4, ad. 2).

internes de l'activité inorganique, sont entièrement livrées à la matière, totalement plongées dans la matière, ne pouvant agir qu'avec elle, et pour cela ne pouvant produire que des effets matériels (1).

La science contemporaine ne distingue pas les corps célestes des corps terrestres, quant à leur nature. Saint Thomas, au contraire,

(1) Invenimus enim aliquas infimas formas, quæ in nullam operationem possunt nisi ad quam se extendunt qualitates quæ sunt dispositiones materiæ, ut calidum, frigidum, humidum, siccum, rarum, densum, grave et leve, et his similia, sicut formæ elementorum; unde istæ sunt formæ omnino materiales et totaliter immersæ materiæ. Super has inveniuntur formæ mixtorum corporum, quæ, licet non se extendant ad aliqua operata quæ non possunt compleri per qualitates prædictas, interdum tamen operantur illos effectus altiori virtute corporali, quam tamen sortiuntur ex corporibus cœlestibus, quæ consequitur eorum speciem, sicut adamas trahit ferrum (*C. Gent.*, lib. II, c. LXVIII). — Invenimus autem quasdam formas, quæ se ulterius non extendunt quam ad id quod per principia materialia fieri potest, sicut formæ elementares et mixtorum corporum, quæ non agunt ultra actionem calidi et frigidi : unde sunt penitus materiæ immersæ (Q. disp. *de Potentia*, q. III, a. 11).

par de purs mouvements matériels et locaux, précédés et suivis de mouvements de ce genre. Du moins, faut-il reconnaître avec saint Thomas que les actions de ces corps sont produites par des qualités actives de la matière étendue. La physique de son temps nommait ces qualités le froid et le chaud, l'humide et le sec, le rare et le dense, le lourd et le léger ; c'étaient les déterminations secondes, les formes complémentaires des corps primitifs appelés éléments. Les corps mixtes, composés de ces éléments, agissaient aussi par ces formes, qui, en même temps qu'elles étaient des qualités, étaient aussi des forces ; mais ils pouvaient, sous l'influence des astres, être imprégnés d'une vertu plus haute, corporelle néanmoins, et attenante à telle espèce de mixtes plutôt qu'à telle autre; c'est, disait-on, par une telle vertu que l'aimant attire le fer. Même aujourd'hui, nous devons dire que les opérations des corps bruts ne dépassent pas l'ordre matériel, soit du côté de l'agent, soit du côté du patient qui reçoit l'effet, car ce patient est modifié par l'agent d'une manière semblable. Nous pouvons donc conclure que les formes substantielles, premiers principes

Pourquoi donc attribuer à la forme une indépendance à l'égard de la matière, avec laquelle elle doit former unité de substance, dans le composé actuellement existant? Il faut pour cela une raison suffisante; et où la trouver, sinon dans les opérations mêmes du sujet substantiel? Car l'opération, épanouissement de l'être, nous en révèle la nature intime (1).

Or, une telle raison d'admettre que l'élément formel et actif est indépendant de la matière, existe-t-elle pour le corps brut? Ses opérations ne paraissent pas l'exiger.

L'activité du corps inorganique est visiblement liée à une disposition, à une modification matérielles, et cause un résultat matériel aussi : les forces physico-chimiques sont si bien attachées à la matière qu'une théorie a pu leur refuser toute réalité et expliquer les phénomènes que présentent les corps bruts

aliud significat quam ens indivisum. Et ex hoc ipso apparet quod unum convertitur cum ente (I, q. xi, a. 1).

(1) Operatio enim rei demonstrat substantiam et esse ipsius; quia unumquodque operatur secundum quod est ens, et propria operatio rei sequitur propriam ipsius naturam (*C. Gent.*, lib. II, c. lxxix).

I

LES FORMES DES CORPS BRUTS ET DES VÉGÉTAUX

I. — La forme substantielle du corps inorganique est dépendante de la matière : les opérations d'un tel corps le démontrent.

II. — Le principe de vie de la plante est dépendant aussi de la matière : les opérations végétatives manifestent cette dépendance.

I. — Deux principes dominent le problème de la dépendance ou de l'indépendance des formes substantielles vis-à-vis de la matière : l'unité de l'être et la raison suffisante.

L'unité de l'être doit être posée aussi étroite que possible ; être et unité sont deux aspects de la même chose : l'être est inconcevable s'il n'est un en lui-même ; la substance composée, toute constituée qu'elle soit de plusieurs éléments, n'en est pas moins une seule substance (1).

(1) Unum non addit supra ens rem aliquam, sed tantum negationem divisionis. Unum enim nihil

des vivants doués de connaissance sensible, c'est-à-dire des bêtes.

mination spécifique (1). Cette individualisation se traduit dans la quantité matérielle. Par exemple, une forme substantielle demande une certaine quantité de matière pour constituer un atome de corps brut : c'est la matière qui lui fournit la quantité nécessaire et suffisante. De même, tout vivant corporel, ayant la matière à sa base, trouve en elle un soutien individuel dans une certaine quantité de matière.

Si les formes des substances corporelles sont ainsi nées pour être associées à la matière, en sont-elles toutes dépendantes au point de ne pouvoir exister à part, en dehors d'elle ? Ou bien faut-il établir une différence, à cet égard, entre les formes substantielles ?

Nous allons examiner, sous ce rapport, les formes inférieures à l'âme humaine : d'abord celles des êtres qui n'ont pas de connaissance, corps inorganiques et végétaux ; puis, celles

---

(1) Formæ quæ sunt receptibiles in materia, individuantur per materiam, quæ non potet esse in alio, quum sit primum subjectum substans ; forma vero, quantum est de se, nisi aliquid aliud impediat, recipi potest a pluribus (I, q. III, a. 1, ad 3).

Cependant, puisque c'est la forme qui fournit l'actualité d'être et la capacité d'agir qui en découle, et que là est la raison même de la substance, la forme a plus de substantialité que la matière, et, si une forme a assez de substantialité pour pouvoir subsister seule, sans matière, à cet égard elle sera substance complète, bien qu'à un autre point de vue elle soit incomplète, si elle est, par sa nature même, appelée à former un être corporel, car n'est corporel que ce qui a matière : une telle forme, toute subsistante qu'elle soit en elle-même, réclamera le concours de l'élément matériel pour faire la substance intégrale à laquelle elle est destinée.

Remarquons, dès à présent, que la matière donne à la forme un support individuel, tandis que la forme donne à la matière une déter-

aliquid. Forma vero, quæ et ratio nominatur, quia ex ipsa sumitur ratio speciei, dicitur substantia quasi ens aliquod actu, et quasi ens separabile secundum rationem a materia, licet non secundum rem. Compositum vero ex his dicitur esse substantia quasi « separabile simpliciter », id est separatim per se existere potens in rerum natura ; et ejus solius est generatio et corruptio (in VIII *Metaphys.*, lect. 1).

avec la forme (1). Si donc l'on peut dire que la matière a une certaine substantialité, c'est à titre très incomplet.

Les formes substantielles sont aussi des éléments de substance, indispensables à la matière pour qu'elle soit fixée, déterminée en un être actuel, spécifiquement constitué. Dans cette formation spécifique, la matière apporte sa potentialité comme un premier sujet déterminable, sans lequel la forme n'aurait où se poser, et la forme donne sa détermination d'existence et d'activité, revêt la matière d'une actualité sans laquelle elle ne serait rien de positif. Donc, la forme, au regard de l'espèce composée, n'a, comme la matière, qu'une substantialité incomplète : toutes les deux ont besoin l'une de l'autre pour faire une substance corporelle (2).

---

(1) Dicit (Aristoteles) quod necesse est ponere materiam quasi substantiam et subjectum (in VIII) *Metaphys.*, lect. I).

(2) Sed sciendum est quod materia aliter dicitur substantia, et aliter forma, et aliter compositum. Materia enim dicitur substantia non quasi ens aliquod actu existens in se considerata, sed quasi in potentia ut sit aliquid actu hæc dicitur esse hoc

NATURE DES FORMES SUBSTANTIELLES

INTRODUCTION

Les formes substantielles qui sont unies à la matière, en sont-elles toutes dépendantes ? — La question se pose d'abord pour les formes inférieures à l'âme humaine : les unes, sans connaissance ; les autres, principes de connaissance sensible.

Tout corps, vivant ou non vivant, est une substance mixte, composée de matière et de forme substantielle.

La matière est donc un élément de substance : bien que simplement potentielle et passive en elle-même, elle est, à sa manière, un principe de substantialité corporelle, principe insuffisant à lui seul pour constituer la substance, mais nécessaire pour la constituer

IV

NATURE DES FORMES SUBSTANTIELLES

posent vivraient de la vie du tout animé, seraient mus d'un mouvement vital (1). L'âme du monde donnerait le premier branle, et l'on pourrait dire que le monde se meut lui-même, car il posséderait en lui et moteur principal et moteurs seconds et mobiles.

(1) Motus cœli est in universo corporalium naturarum sicut motus cordis in animali, quo conservatur vita. Similiter etiam quicumque motus naturalis hoc modo se habet ad res naturales ut quædam similitudo vitalis operationis. Unde, si totum universum corporale esset unum animal, ita quod iste motus esset a movente intrinseco, ut quidam posuerunt, sequeretur quod motus esset vita omnium naturalium corporum (I, q. xviii, a. 1, ad 1).

Que faudrait-il donc pour qu'un assemblage de corps qui se meuvent les uns les autres fût un organisme vivant, et non pas seulement un mécanisme physique ? Il suffirait que cet assemblage eût intimement une seule forme d'être, un seul principe d'existence et d'activité, sans que rien fût changé à la coordination extérieure de ses mouvements. Si l'univers corporel, par exemple, était un seul être, ayant un principe intrinsèque et unique, fondamentalement du moins, de tous les mouvements coordonnés de ses parties, ce serait un immense vivant, et tous les corps naturels qui le com-

quamlibet partem ejus. In corporibus vero animatis, quæ habent nobiliores formas, diversis operationibus deputantur diversæ partes... Sed quum oporteat ordinem instrumentorum esse secundum ordinum operationum, diversarum autem operationem quæ sunt ab anima, una naturaliter præcedit alteram, necessarium est quod una pars corporis moveatur per aliam ad suam operationem. Sic ergo inter animam, secundum quod est motor et principium operationum, et totum corpus, cadit aliquid medium : quia mediante aliqua prima parte primo mota movet alias partes ad suas operationes, sicut mediante corde movet alias partes ad vitales operationes (Q. disp. *de Anima*, a 9).

accidentellement modifié pour faire ce qu'il doit faire : ainsi, le feu par sa légèreté se porte en haut, par sa chaleur tend à échauffer ; mais chacun de ces actes appartient à chacune de ses parties. L'âme, au contraire, met un ordre dans ses diverses opérations et un ordre aussi dans le jeu des instruments dont elle se sert ; comme telle de ses actions vitales doit précéder telle autre, qu'elle prépare et amène, tel organe doit mouvoir tel autre organe, le déterminer à l'action particulière qui lui est dévolue dans le travail harmonieux de la vie. L'âme est bien le principe du mouvement et de l'action dans le corps vivant ; mais sa motion est communiquée sous des formes diverses par les motions que les parties du corps exercent les unes sur les autres (1).

(1) Ad diversitatem operationum in rebus minus perfectis sufficit diversitas accidentium. In rebus autem magis perfectis requiritur ulterius diversitas partium ; et tanto magis, quanto forma fuerit perfectior. Videmus enim quod igni conveniunt diversæ operationes secundum diversa accidentia, sicut ferri sursum secundum levitatem, calefacere secundum calorem, et sic de aliis ; sed tamen quælibet harum operationum competit igni secundum

inorganique n'est pas né pour agir par quelque organe ou par quelque partie du corps brut sur une autre partie du même corps par un mouvement dont la loi soit naturellement dans le principe interne d'activité : si la forme substantielle d'un tel corps fait aller ou agir celui-ci, c'est sans qu'un organisme intérieur de parties diverses compose dans le corps même un agencement naturel de moteur et de mobile. « Il est visible, disait Aristote, que, comme dans les navires et les choses qui ne sont pas constituées par la nature, de même dans les vivants sont divisés ce qui meut et ce qui est mû, et c'est ainsi que le tout se meut lui-même. (1) » L'âme, remarque à son tour saint Thomas, a des opérations complexes, et d'autant plus variées qu'elle est de nature plus parfaite : aussi lui faut-il des organes divers pour agir dans le corps et le mouvoir. Le corps brut opère plus simplement, et il lui suffit d'être naturellement qualifié ou

---

(1) Ἔοικε γὰρ ὥσπερ ἐν τοῖς πλοίοις καὶ τοῖς μὴ φύσει συνισταμένοις, οὕτω καὶ ἐν τοῖς ζῴοις εἶναι διῃρημένον τὸ κινοῦν καὶ τὸ κινούμενον, καὶ οὕτω τὸ πᾶν αὐτὸ αὑτὸ κινεῖν (Φυσ. ἀκρ., VIII, ιv (25), F. D.)

que le feu est vivant ? Non pas, sans doute, vivant comme l'animal, qui connaît par les sens et se passionne par ses appétits; mais vivant du moins comme le végétal qui, par sa force de croissance, tend à occuper les lieux environnants, ou même encore comme le cœur de chair qui, dès qu'il est animé, tend à battre d'un mouvement de va et vient ? En somme, puisque la vie a des mouvements naturels comme naturels aussi sont les mouvements des corps élémentaires, quelle différence radicale y a-t-il entre un principe de vie inférieure et un principe d'activité inorganique ?

C'est précisément que le principe d'activité

omnes aliæ naturales proprietates. Non autem potest esse quod motus cœlestis sequatur formam cœlestis corporis sicut principium activum : sic enim forma est principium motus localis, inquantum alicui corpori secundum suam formam debetur aliquis locus in quem movetur ex vi suæ formæ tendentis in locum illum ; quem quia dat generans, dicitur esse motor; sicut igni secundum suam formam competit esse sursum ; corpori autem cœlesti secundum suam formam non magis congruit unum ubi quam aliud. Non igitur motus cœlestis principium est sola natura (*C. Gent.*, lib. III, c. XXIII).

En dernière analyse, la différence essentielle entre le mouvement spontané qui caractérise la vie, et le mouvement des corps bruts, dans saint Thomas, est assez subtile et moins marquée qu'il ne semblait au premier abord. Car enfin, il y a, d'après saint Thomas, dans les corps élémentaires, un principe actif de mouvement, c'est leur forme substantielle même: le feu, par exemple, a dans sa forme spécifique une cause interne de mouvement vers le haut; cette tendance lui est naturelle; dès qu'il existe comme feu, il va vers un lieu supérieur par une force qui est en lui. Ce n'est pas comme les corps célestes qui, toujours d'après saint Thomas, n'ont aucune aptitude naturelle à tendre vers un lieu ou vers un autre, mais seulement une disposition passive à être mus par l'impulsion d'un agent qui détermine lui-même la direction du mouvement. (1). Pourquoi donc ne pas dire

(1) Si principium motus cœlestis est sola natura absque apprehensione aliqua, oportet quod principium motus cœli sit forma cœlestis corporis, sicut et in elementis: licet enim formæ simplices non sint moventes, sunt tamen principia motuum; ad eas enim consequuntur motus naturales, sicut

végétative qu'il tient de l'âme, un mouvement naturel qui lui est propre, et meut ensuite les organes: à vrai dire, ce cœur, tout vivant qu'il est, ne se meut pas lui-même; il est mû par sa nature même, comme le feu se dirige en haut d'un mouvement que la nature lui donne; mais le cœur animé met en mouvement, au moyen du sang, les parties du corps, et les unes par les autres, et, de cette façon, l'animal tout entier se meut lui-même (1).

(1) Sicut ignis per formam suam naturalem habet naturalem motum, quo tendit sursum; ita aliqua pars corporis animati, in qua primo invenitur motus qui non est per apprehensionem, habet hunc motum naturaliter per animam: sicut enim ignis naturaliter movetur sursum, ita sanguis naturaliter movetur ad loca propria et determinata; et similiter cor naturaliter movetur motu sibi proprio, licet ad hoc etiam cooperetur resolutio spirituum facta ex sanguine, quibus cor dilatatur et constringitur, ut Aristoteles dicit ubi agit de respiratione et inspiratione. Sic ergo prima pars in qua talis motus invenitur, non est movens seipsam, sed movetur naturaliter, sicut ignis; sed ista pars movet aliam; et sic totum animal est movens seipsum, quum una pars ejus sit movens et alia sit mota (Q. disp. *de Anima*, a. 9, ad. 6).

ganes exécutent le mouvement, en se mouvant les uns les autres (1). C'est ainsi que dans l'homme, l'entendement, par l'énergie vitale qu'il puise dans l'âme même, meut de haut l'inclination humaine, en lui proposant le bien pour objet; à son tour, la volonté, puissance appétitive de ce vivant supérieur, met en mouvement les appétits sensitifs, en se servant de la connaissance sensible, et le corps obéit aux appétits passionnels, sous la motion directrice de la volonté (2). C'est ainsi encore que le cœur, d'après la physiologie du moyen âge, adoptée par saint Thomas, a, par la vie

---

(1) Vires animæ sunt qualitates ejus quibus operatur; et ideo cadunt media inter animam et corpus, secundum quod anima movet corpus, non autem secundum quod dat ei esse (Q. disp. *de Anima*, a. 9, ad. 1).

(2) Inter omnes autem hominis partes intellectus invenitur superior motor; nam intellectus movet appetitum, proponendo ei suum objectum. Appetitus autem intellectivus, qui est voluntas, movet appetitus sensitivos, qui sunt irascibilis et concupiscibilis; unde et concupiscentiæ non obedimus, nisi voluntatis imperium adsit. Appetitus autem sensitivus, adveniente consensu voluntatis, movet jam corpus (*C. Gent*, lib. III, c. xxv).

Mais si rien ne se meut soi-même, rien alors n'est vivant, si vivre c'est se mouvoir soi-même. Et cependant, d'après Aristote et saint Thomas, il y a des vivants et la vie consiste bien dans la capacité de se donner à soi-même le mouvement ou l'opération. Où est l'explication de cette antinomie ?

C'est qu'il peut y avoir des êtres dans lesquels coexistent le moteur et le mobile, dans lesquels une partie du sujet meuve une autre partie du même sujet, et cela suffit pour sauvegarder le principe. Aussi Aristote conclut-il : « Donc, de ce qui se meut soi-même, un élément meut et un autre est mû (1) ». .

Les vivants sont donc des êtres qui enveloppent dans leur constitution moteur et mobile. Le moteur premier, en eux, pour les actes de la vie, c'est l'âme ; elle agit par des moteurs seconds, par ses puissances, et les or-

---

motum ; et sic nihil movet seipsum (*C. Gent.*, lib. I, c. xiii).

(1) Τὸ μὲν ἄρα κινεῖ, τὸ δὲ κινεῖται τοῦ αὐτοῦ αὐτὸ κινοῦντος (Φυσ. ἀκρ., VIII, vi (8), F. D.) — Omne movens seipsum, secundum quod probat Philosophus in VIII *Physic.*, componitur ex movente et moto (*C. Gent.*, lib. II, c. lx).

que ce qui est mû ; on en peut donner, d'après lui-même, une raison fort simple. — Si être mû, c'est de la puissance indéterminée être déterminé à l'acte, ce qui est indéterminé n'a pas, sous le rapport même de son indétermination, de quoi se déterminer soi-même ; car l'acte seul détermine à l'acte, une actualité est nécessaire pour faire naître de l'actualité, ce qui n'est pas ne pouvant produire de l'être ; il faut donc que ce qui est mû soit mis en mouvement par un agent qui soit en acte, tandis que le mobile est en puissance. De là saint Thomas conclut fortement : « Donc rien n'est, sous le même point de vue, mouvant en acte et mû, et ainsi rien ne se meut soi-même (1) ».

(Φυσικῆς ἀκροάσεως, VII, 1 (1), F. D). — Omne quod movetur necesse est ab aliquo moveri (*C. Gent.*, lib. III, c. XXIII).

(1) Tertio probat (*Physic.* VIII) sic : Nihil idem est simul in actu et in potentia, respectu ejusdem ; sed omne quod movetur, inquantum hujusmodi est in potentia, quia motus est actus existentis in potentia, secundum quod hujusmodi. Omne autem quod movet est in actu, inquantum hujusmodi ; quia nihil agit nisi secundum quod est in actu. Ergo nihil est, respectu ejusdem, movens actu et

tant à retenir, car par là se comprend mieux que certaines d'entre elles puissent, comme nous le verrons, en venant de l'âme, prendre résidence dans le corps, tandis que d'autres restent exclusivement dans l'âme, comme en leur sujet propre et incommunicable sous le rapport de son activité supérieure (1).

II. — C'est par l'intermédiaire des puissances que les vivants reçoivent de leur âme, en chaque genre d'opération vitale, le mouvement spontané qui caractérise la vie.

Mais, ne craignons pas de nous le demander, cette spontanéité n'est-elle pas une illusion ? Un être peut-il se mouvoir lui-même, passer par lui-même de la puissance à l'acte ? Ne serait-ce pas en contradiction avec les principes fondamentaux de la philosophie aristotélicienne ?

C'est une maxime chère à Aristote que « tout ce qui est mû, est mû par quelque chose (2) ». Et ce quelque chose doit être autre

---

(1) Omnes potentiæ animæ, sive subjectum earum sit anima sola, sive compositum, fluunt ab essentia animæ sicut a principio (I, q. LXXVII, a. 6).
(2) Ἅπαν τὸ κινούμενον ἀνάγκη ὑπό τινος κινεῖσθαι

L'âme, ainsi, est acte premier, ordonné à un acte second par le ministère de la puissance qu'elle possède. Et voilà pourquoi, bien qu'actuellement existante, elle n'opère pas toujours les actes de la vie; c'est que ses puissances vitales ne sont pas toujours actualisées par l'opération; elles demeurent quelquefois en forme potentielle (1).

Les puissances de l'âme sont donc bien des émanations naturelles du principe de vie, des résultantes de son essence; et cela est impor-

---

(1) Anima secundum suam essentiam est actus. Si ergo ipsa essentia animæ esset immediatum operationis principium, semper habens animam actu haberet opera vitæ, sicut semper habens animam actu est vivum. Non enim inquantum est forma, est actus ordinatus ad ulteriorem actum, sed est ultimus terminus generationis: unde, quod sit in potentia adhuc ad alium actum, hoc non competit ei secundum suam essentiam, inquantum est forma, sed secundum suam potentiam; et sic ipsa anima, secundum quod subest suæ potentiæ, dicitur actus primus, ordinatus ad actum secundum. Invenitur autem habens animam non semper esse in actu operum vitæ... Relinquitur ergo quod essentia animæ non est ejus potentia; nihil enim est in potentia secundum actum, inquantum est actus I, q. LXXVII, a. 1).

par l'essence même qui la fait ce qu'elle est, parce qu'en Dieu il ne saurait y avoir de potentialité, car il ne peut y avoir en lui d'addition, de complément, de survenance d'acte : étant acte pur, il a tout d'un coup, sans devenir, tout ce qu'il peut avoir, il est tout d'abord, tout à la fois, éternellement, tout ce qu'il peut être (1).

L'âme, en particulier, et toute âme quelconque, tout principe de vie est dans son essence actualisé, dès qu'il a l'être ; mais sur son actualité se pose une potentialité, une capacité d'être déterminé par quelque opération.

solum id quod non causatur ex principiis essentialibus speciei. Proprium enim non est de essentia rei, sed ex principiis essentialibus speciei causatur ; unde medium est inter essentiam et accidens, sicut dictum est in solut. ad. 1. Et hoc modo potentiæ animæ possunt dici mediæ inter substantiam et accidens, quasi proprietates animæ naturales (I, q. LXXVII, a. 1, ad 5).

(1) In solo Deo operatio est ejus substantia ; unde Dei potentia, quæ est operationis principium, est ipsa Dei essentia : quod non potest esse verum neque in anima, neque in aliqua creatura, ut supra etiam de angelo dictum est, q. LIV, a. 3 (I, q. LXXVII, a. 1).

joute l'action ? Dans ce fond, dès qu'il existe, la substance est déterminée positivement, elle a actualité, elle n'est pas par là à l'état potentiel, à l'état de devenir. Si donc un complément survient, ce qu'il complète, ce n'est pas précisément ce fond substantiel, mais un principe de devenir, une potentialité qui en dépend, dont il est naturellement enveloppé : cette potentialité peut être active, productrice d'acte, en vertu de l'énergie fondamentale de la substance, mais elle n'est pas la substance même, elle n'en est qu'une dérivation, ce que saint Thomas appelle une « propriété naturelle » (1). En Dieu seul, la substance agit

(1) Si accidens accipiatur secundum quod dividitur contra substantiam, sic nihil potest esse medium inter substantiam et accidens; quia dividuntur secundum affirmationem et negationem, scilicet secundum esse in subjecto et non esse in subjecto. Et hoc modo, quum potentia animæ non sit ejus essentia, oportet quod sit accidens ; et est in secunda specie qualitatis. Si vero accipiatur accidens secundum quod ponitur unum quinque universalium, sic aliquid est medium inter substantiam et accidens: quia ad substantiam pertinet quidquid est essentiale rei ; non autem quidquid est extra essentiam potest sic dici accidens, sed

Mais ces pouvoirs que nous sommes obligés de reconnaître dans les principes de vie, dans les âmes, selon les degrés de l'activité vitale, sont-ce même chose que l'essence des âmes, ou leur substance, considérée comme capable d'agir ? Ne sont-ils pas plutôt des émanations de cette essence, des forces réelles qui en découlent, et qui tantôt sont à l'état potentiel et tantôt à l'état actuellement déterminé ?

Oui, les puissances ont une réalité distincte, bien que dépendante et émanée de la source profonde d'où vient la vie. En effet, si agir est une conséquence d'être, néanmoins être et agir ne sont pas même chose, puisqu'on peut être sans agir actuellement : l'action est donc une addition accidentelle à la substance, un complément naturel, mais distinct. Mais est-ce précisément au fond de la substance que s'a-

---

ea judicium rationis ad diversa se habet et non est determinatum ad unum. Et pro tanto necesse est quod homo sit liberi arbitrii ex hoc ipso quod rationalis est (I, q. LXXXIII, a. 1). — Liberum arbitrium est appetiva potentia (I, q. LXXXIII, a. 3). — Voluntas et liberum arbitrium non sunt duæ potentiæ, sed una (I, q. LXXXIII, a. 4).

par la sensibilité, de concevoir les principes nécessaires, de juger et d'enchaîner les jugements par ces principes, et par conséquent sous forme de nécessité absolue, de s'approcher au moins de la vérité absolument certaine par une appréciation probable qui y participe à quelque degré, d'aimer le bien, la perfection, et d'y tendre, de choisir librement les moyens de l'atteindre par quelque côté, malheureusement aussi d'accepter des moyens illusoires, de se détourner même volontairement des vrais biens pour se tourner vers des apparences décevantes : l'âme raisonnable, celle de l'homme, a donc, ne craignons pas de l'affirmer, puissance de pensée universelle, puissance d'affection pour le bien parfait et de libre arbitre (1).

(1) Homo agit judicio, quia per vim cognoscitivam judicat aliquid esse fugiendum vel prosequendum. Sed quia judicium istud non est ex naturali instinctu in particulari operabili, sed ex collatione quadam rationis, ideo agit libero judicio, potens in diversa ferri. Ratio enim circa contingentia habet viam ad opposita, ut patet in dialecticis syllogismis et rhetoricis persuasionibus. Particularia autem operabilia sunt quædam contingentia ; et ideo circa

l'âme sensitive a naturellement pouvoirs de sensation sous les diverses formes de sentir, d'appétition passionnelle et de motion organique (1).

Quant à l'âme raisonnable, il lui faut des puissances plus éminentes, facultés d'élever à l'abstrait et à l'universel les données fournies

---

(1) Quum natura non deficiat in necessariis, oportet esse tot actiones animæ sensitivæ, quot sufficiant ad vitam animalis perfecti. Et quæcumque harum actionum non possunt reduci in unum principium, requirunt diversas potentias ; quum potentia animæ nihil aliud sit quam proximum principium operationis animæ... Sic ergo ad receptionem formarum sensibilium ordinatur sensus proprius et communis... Ad harum autem formarum retentionem aut conservationem ordinatur phantasia sive imaginatio, quæ idem sunt... Ad apprehendendum autem intentiones quæ per sensum non accipiuntur, ordinatur vis æstimativa; ad conservandum autem eas vis memorativa (I, q. LXXVIII, a. 4).
— Quæ vero habent cognitionem sensitivam, et appetitum sensibilem habent, sub quo irascibilis et concupiscibilis continentur (*C. Gent.*, liv. III, cap. XXVI). — Et iterum oportet consequenter esse motum aliquem per quem perveniatur ad rem desideratam ; et hoc pertinet ad potentiam motivam (Q. disp. *de Anima*, a. 13).

L'âme sensitive ou animale doit être assez puissante pour faire naître dans l'animal la similitude sensible, l'image des objets extérieurs ; pour faire prendre au sujet par ses sens externes et internes une connaissance, superficielle il est vrai, ou du moins seulement concrète, de ce qui l'entoure ; pour lui donner une certaine conscience de ses actes propres, un certain jugement élémentaire, accompagné de mémoire ; pour le passionner d'appétits, d'affections attachantes ou répulsives ; pour le doter d'une habileté motrice, par laquelle au moins il meuve quelque organe sur place, par laquelle dans les espèces supérieures il déplace son corps tout entier et le porte où l'incline l'instinct : c'est-à-dire que

et ad hoc ordinatur vis augmentativa. Alia vero per quam corpus viventis salvatur et in esse et in quantitate debita ; et ad hoc ordinatur vis nutritiva... Generatio in rebus inaminatis est totaliter ab extrinseco ; sed generatio viventium est quodam altiori modo per aliquid ipsius viventis, quod est semen, in quo est aliquod principium corporis formativum. Et ideo oportet esse aliquam potentiam rei viventis per quam semen hujusmodi præparetur ; et hæc est vis generativa (I, q. LXXVIII, a. 2, corp. et ad 2).

parfaites que leurs opérations dénotent une activité plus puissante et plus noble, puisque c'est l'âme même qui est le principe de l'opération vitale, le principe premier et profond dans le sujet vivant.

Ainsi, dans l'âme végétative il doit y avoir assez d'énergie pour assimiler au corps vivant les éléments du dehors, l'en nourrir en les transformant en substance animée, et par conséquent se les unir à elle-même substantiellement ; pour faire grandir au moyen de cette nutrition les organes corporels, par une croissance intime, impulsive du dedans ; pour préparer dans l'organisme le germe et la semence qui, par leur collaboration, doivent reproduire le sujet et perpétuer son espèce en des sujets semblables : en un mot, l'âme végétative doit avoir capacité nutritive, force d'augmentation et de génération (1).

(1) Tres sunt potentiæ vegetativæ partis. Vegetativum enim, ut dictum est art. præced., habet pro objecto ipsum corpus vivens per animam ; ad quod quidem corpus triplex animæ operatio est necessaria. Una quidem per quam esse acquirat, et ad hoc ordinatur potentia generativa. Alia vero per quam corpus vivum acquirit debitam quantitatem,

tence et d'action, une cause formelle et intrinsèque d'être et d'agir, une *forme substantielle*, en un mot, qui soit plus élevée dans la hiérarchie des formes que celles des corps bruts (1).

Cette forme substantielle s'appelle une *âme*, et les vivants sont dits *animés*, c'est-à-dire ayant une âme ; les non vivants sont *inanimés*, sans âme (2).

Et, puisqu'il y a la vie végétative, la vie sensitive, la vie intellectuelle et rationnelle, il y aura donc l'âme végétative, l'âme sensitive, l'âme intellective et raisonnable : la première est l'âme de la plante, la seconde l'âme de l'animal, celle qui est douée d'intelligence et de raison est l'âme de l'homme.

Ces âmes, évidemment, seront d'autant plus

---

(1) ὡς ἡ οὐσία τῶν ἐμψύχων σωμάτων ἡ ψυχὴ αἰτία. Ὅτι μὲν οὖν ὡς οὐσία, δῆλον· τὸ γὰρ αἴτιον τοῦ εἶναι πᾶσιν ἡ οὐσία, τὸ δὲ ζῆν τοῖς ζῶσι τὸ εἶναί ἐστιν, αἰτία δὲ καὶ ἀρχὴ τούτων ἡ ψυχή (Περὶ ψυχῆς, II, ιb (4), F. D.).

(2) Ad inquirendum de natura animæ oportet præsupponere quod anima dicitur esse primum principium vitæ in his quæ apud nos vivunt ; animata enim viventia dicimus, res vero inanimatas vita carentes (I, q LXXV, a, 1).

II

LES PRINCIPES DE VIE

I. — Les différents degrés de la vie supposent différents principes de vie, formes substantielles appelées âmes, douées de puissances plus ou moins parfaites. — Les puissances sont distinctes de l'essence de l'âme et en émanent.

II. — Analyse du mouvement spontané qui caractérise la vie : différence entre ce mouvement et celui des corps bruts.

I. — Puisque les vivants se meuvent eux-mêmes, se poussent eux-mêmes à l'action, et que les êtres sans vie sont, au contraire, mis en mouvement, poussés à l'œuvre par des agents extérieurs, c'est que vivre est avoir une nature d'un ordre supérieur à celui des natures non vivantes : car, l'activité découlant de l'être, plus un être est actif par lui-même, plus il y a d'être en lui, plus il participe à l'être divin.

Il faut donc qu'il y ait dans chaque genre de vivants un principe intime d'exis-

opération de sa vie sensible. Tout est lié, toutes les énergies agissent de concert, et l'être plus parfait n'a rien à envier au moins parfait.

Cette union de toute vie inférieure à la vie supérieure devra être étudiée de près; mais il fallait dès à présent l'observer et en constater l'harmonie.

L'activité proprement humaine, c'est une vie très haute et très puissante, puisque l'homme, par son intelligence et sa raison, domine les individualités contingentes, et se rend maître, par sa puissance personnelle, et de lui-même et des choses au milieu desquelles s'écoule son existence. Cette vie mérite le nom de vie intellectuelle, vie rationnelle, car la lumière de l'esprit humain éclaire la volonté humaine (1).

Quelle admirable gradation en cette expansion de la vie dans l'univers ! Mais ce qui est peut-être plus admirable encore, c'est l'association naturelle des divers degrés de la vie. L'animal ne se contente pas de vivre par les sens et l'appétit, il a sa végétation aussi, il nourrit, fait croître son corps, il engendre pour perpétuer son espèce ; la vie d'en bas est en lui nécessaire à l'exercice de la vie plus élevée, et celle-ci gouverne celle qui est au-dessous. De même, l'homme, qui ne peut sentir sans son corps vivant, qui sent dans son corps, ne peut penser ni vouloir sans quelque

(1) Rationale vero sumitur a natura intellectiva, quia rationale est quod naturam intellectivam habet (I, q. III, a. 5).

de ces principes : cette intelligence, l'homme la possède, et la parole en est l'expression. L'homme parle, et voilà de suite évidente la supériorité de sa nature. Elle a une autre marque, c'est la liberté, et c'est ici le triomphe du mouvement par soi-même. L'homme, en effet, se détermine lui-même à l'action ; il aspire, il est vrai, naturellement et nécessairement au bonheur, à la possession complète de ce qui lui convient ; mais il choisit librement, avec indépendance, les moyens de l'obtenir, et, si aucun moyen n'y conduit parfaitement, il prend celui qu'il veut parce qu'il le veut, par sa propre détermination. Il fait cela en connaissance de cause, en connaissance de fin ; il se fixe à lui-même des motifs d'agir ; il fixe le but prochain de ses actes, et, si la fin dernière lui est imposée, il s'y dirige par les voies que sa libre élection détermine (1).

(1) Supra talia animalia sunt illa quæ movent seipsa etiam habito respectu ad finem, quem sibi præstituunt. Quod quidem non fit nisi per rationem et intellectum, cujus est cognoscere proportionem finis et ejus quod est ad finem, et unum ordinare in alterum. Unde perfectior modus vivendi est eorum quæ habent intellectum ; hæc enim perfectius movent seipsa (I, q. XVIII, a. 3).

moyen de laquelle il atteint ce qu'il lui faut, repousse ce qui lui est ennemi, ou s'en détourne. En un mot, il a quelque connaissance sensible, quelque sensible affection, quelque empire sensible sur son corps; et cela en vertu d'une activité qui émane de lui-même : il a donc sa vie propre, vie animale, vie sensitive. Tous les animaux ne l'ont pas aussi parfaite ; mais tous l'ont en quelque mesure, et c'est par elle que l'animalité leur appartient. Tous ont quelque sens et quelque mouvement du corps, dérivé de la sensation (1).

Mais ce que n'a pas le simple animal, c'est la véritable intelligence, la notion de l'abstrait, de l'universel, de l'absolu, la vue interne des principes rationnels, le raisonnement dérivé

(1) Quædam vero ulterius movent seipsa non solum habito respectu ad executionem motus, sed etiam quantum ad formam quæ est principium motus, quam per se acquirunt: et hujusmodi sunt animalia, quorum motus principium est forma non a natura indita, sed per sensum accepta. Unde quanto perfectiorem sensum habent, tanto perfectius movent seipsa (I, q xviii, a. 3). — Animal enim sumitur a natura sensitiva per modum concretionis ; hoc enim dicitur animal quod naturam sensitivam habet (I, q. iii, a. 5).

tient et déploie son être, en s'emparant des éléments qui l'environnent.

Seulement cette action spontanée ne paraît pas consciente. La plante ne sait pas ce qu'elle opère, ni comment ni pourquoi elle le fait : elle exécute un mouvement dont la direction intelligente est plus haut qu'elle ; elle obéit aveuglement à un maître qui connaît pour elle le principe, la forme et la fin de son activité (1).

L'animal est moins ignorant. Il connaît par ses sens les choses qui l'entourent, et se porte vers elles ou s'en éloigne parce qu'il s'en forme des images au-dedans de lui-même. Il possède des puissances intimes d'appréciation, d'appétition, par lesquelles il discerne, choisit, aime ce qui lui convient, juge et déteste ce qui lui est nuisible ; il a une faculté de se mouvoir au

---

(1) Inveniuntur igitur quædam quæ movent seipsa non habito respectu ad formam, vel finem, quæ inest in eis a natura, sed solum quantum ad executionem motus; sed forma per quam agunt, et finis propter quem agunt, determinantur eis a natura : et hujusmodi sunt plantæ, quæ secundum formam inditam eis a natura movent seipsas secundum augmentum et decrementum (I, q. xviii, a. 3).

rête; son évolution se dirige vers un terme, où diminue l'énergie primitive. La vie de la plante a sa première jeunesse, son adolescence, sa maturité, sa vieillesse, et subit la mort, sous la domination des forces étrangères. Mais, si le sujet meurt individuellement, il travaille à faire vivre toujours son espèce, en se reproduisant lui-même par la génération de vivants semblables. Nul, mieux qu'Aristote, n'a exprimé la beauté de cette prévoyance génératrice: c'est un effort suprême pour atteindre à la ressemblance de l'éternité divine, en compensant par la permanence de l'espèce l'extinction inévitable de l'individu (1).

Il y a donc une vie végétative, puisqu'il y a toute une ordonnance d'opérations par lesquelles le végétal se porte lui-même au but de sa nature, se forme, s'augmente, se reproduit (2). Sans doute, il a besoin de conditions extérieures; mais, dans le milieu qui lui convient, c'est lui qui agit, qui compose, entre-

(1) Περὶ ψυχῆς, II, ιv (2), F. D.
(2) Quædam enim viventia sunt in quibus est tantum vegetativum, sicut in plantis (I, q. LXXVIII, a. 1).

et se développe elle-même dans toutes les directions (1); elle pousse en haut, en bas, à droite, à gauche, par une force contenue dans sa constitution intime, agissant au moyen d'instruments, d'organes, qui font partie du sujet même; et, pour grandir ainsi, elle se nourrit: elle plonge dans le sol ses racines avides, par lesquelles elle aspire les sucs nécessaires à la formation de son corps; ces éléments empruntés au dehors, elle en fait sa sève, qui monte jusqu'à ses extrémités en contact avec l'air ambiant, jusqu'à ses feuilles, par où, ainsi que par l'écorce, le végétal prend dans l'atmosphère ce qu'il lui faut; et puis, la sève descend, offrant sur son passage aux organes l'aliment qui répare l'usure de leurs tissus, et leur donnant ainsi la matière de l'accroissement vital. Cet aliment ne s'applique pas superficiellement sur le corps de la plante; il est absorbé et assimilé au dedans; incorporé à elle-même, il en devient partie vivante. C'est ainsi que le végétal se conserve et grandit; mais il ne grandit pas toujours; son développement, arrivé à un certain point, s'ar-

---

(1) Περὶ ψυχῆς, II, ιι (3), F. D.

cependant, quelle analogie entre la pensée, par exemple, et le mouvement local ou la nutrition, la croissance corporelles? Un esprit pur qui ne ferait que penser, vivrait-il au même titre que le corps qui se nourrit et grandit matériellement?

Évidemment, il y a diverses manières de vivre: le point commun par lequel elles se ressemblent, c'est qu'en toutes sont des opérations que le sujet accomplit par lui-même, d'après saint Thomas, et toute opération est une sorte de mouvement, en ce sens que c'est toujours de l'acte déterminant une puissance, l'action complétant la puissance active de l'agent comme le mouvement reçu complète la puissance passive du mobile.

II. — Tous les vivants agissent donc par eux-mêmes, en quelque façon; mais tous n'ont pas au même degré l'autonomie de leurs actes (1).

La plante, Aristote l'avait déjà observé, croît

(1) Quum vivere dicantur aliqua secundum quod operantur ex seipsis et non quasi ab aliis mota, quanto perfectius competit hoc alicui, tanto perfectius in eo invenitur vita (I, q. XVIII, a. 3).

Ne vit pas ce qui n'est mû que par un autre; vit, au contraire, ce qui se meut soi-même, c'est-à-dire, ce qui possède en soi-même le principe de son mouvement.

Telle est bien l'origine de la notion commune de la vie. Mais, comme Aristote l'avait constaté, nous rangeons sous la même dénomination des actes très divers: se mouvoir localement, par déplacement total ou partiel, c'est de la vie; se mouvoir ou se changer par nutrition et par accroissement ou décroissement, c'est vivre; mais sentir, mais penser, c'est vivre aussi, et de façon éminente; et il suffit qu'un seul de ces actes apparaisse chez un être, pour que nous nous croyions en droit d'appeler celui-ci un vivant (1). Quel rapport,

---

sentire dicitur moveri, ut dicitur in III *de Anima* et lib. I: ut sic viventia dicantur quæcumque se agunt ad motum vel operationem aliquam; ea vero in quorum natura non est ut agant ad aliquem motum vel operationem, viventia dici non possunt, nisi per aliquam similitudinem (I, q. XVIII, a. 1).

(1) Πλεοναχῶς δὲ τοῦ ζῆν λεγομένου, κἂν ἕν τι τούτων ἐνυπάρχῃ μόνον, ζῆν αὐτό φαμεν, οἷον νοῦς, αἴσθησις, κίνησις καὶ στάσις ἡ κατὰ τόπον, ἔτι κίνησις ἡ κατὰ τροφὴν καὶ φθίσις τε καὶ αὔξησις (Περὶ ψυχῆς, II, II (2), F. D.).

vons observer en eux un mouvement qui vient d'eux-mêmes, et tant qu'ils nous montrent un mouvement de ce genre, nous jugeons qu'ils ont de la vie: quand ils n'ont plus d'eux-mêmes aucun mouvement, nous disons qu'ils ont perdu la vie, qu'ils sont morts.

Le mouvement spontané, dont le principe est dans le sujet lui-même, voilà la marque de la vie (1).

(1) Ex his quæ manifeste vivunt, accipere possumus quorum sit vivere et quorum non sit vivere. Vivere autem manifeste animalibus convenit. Dicitur enim in libro *de Vegetabilibus* (Aristot., I *de Plantis*, cap. 1 in princip.) quod vita in animalibus manifesta est. Unde secundum illud oportet distinguere viventia a non viventibus, secundum quod animalia dicuntur vivere. Hoc autem est in quo manifestatur vita et in quo ultimo remanet. Primo autem dicimus animal vivere quando incipit ex se motum habere, et tamdiu judicatur animal vivere, quamdiu talis motus in eo apparet; quando vero jam ex se non habet aliquem motum, sed movetur tantum ab alio, tunc dicitur animal mortuum per defectum vitæ. Ex quo patet quod illa proprie sunt viventia, quæ se ipsa secundum aliquam speciem motus movent; sive accipiatur motus proprie, sicut motus dicitur actus imperfecti, id est existentis in potentia; sive motus accipiatur communiter, prout motus dicitur actus perfecti, prout intelligere et

I

LES VIVANTS

I. — Définition de la vie par le mouvement spontané, entendu dans un sens large.
II. — Les divers genres de vivants et les différents degrés de la vie: plante, animal, homme; vie végétative, vie sensitive, vie rationnelle.

I. — Quels sont les êtres qui méritent d'être dits vivants ? Cette question revient à se demander quelle est la marque caractéristique de la vie.

Pour le démêler, saint Thomas emploie un procédé qui semble fort simple: il recherche, dans les êtres où la vie est le plus manifeste, ce qui principalement nous les fait considérer comme vivants; c'est cela qui sera le caractère propre de la vie; et il le découvre en remarquant quelle est la première et la dernière manifestation de ce que nous appelons vivre.

Or, sans conteste, les animaux sont vivants, et nous disons qu'ils vivent dès que nous pou-

fections du même ordre que les opérations observées, et, en remontant des effets aux causes, nous atteindrons les formes mêmes des substances vivantes.

Mais qu'est-ce que la vie? Il faut chercher à la définir, à en déterminer le caractère propre, pour la distinguer entre les autres expressions de l'énergie universelle.

C'est par ses œuvres que nous la jugerons, et comme elles apparaissent divisées en groupes subordonnés les uns aux autres, nous devrons diviser la vie et les vivants en divers genres composant ensemble une sorte de hiérarchie.

La plante est caractérisée par la vie végétative, l'animal par la vie sensitive, l'homme par la vie intellectuelle et raisonnable; et il est à remarquer que la vie supérieure, dans cette série, est associée à toute vie précédente dans l'être plus parfait: si la plante végète, l'animal, qui sent, a aussi sa vie végétative, et l'homme, animal raisonnable, a les deux vies inférieures unies en lui-même à la vie d'intelligence et de raison.

Les différentes activités vitales, prises séparément, supposent des principes de vie différents; et c'est ainsi que nous pouvons découvrir quelque chose de l'essence de leurs sujets. Nous ne nous tromperons pas en attribuant aux principes internes qui font vivre des per-

LA VIE

INTRODUCTION

Les vivants ont une activité supérieure à celle des corps bruts. — La vie a des degrés divers.

L'activité est une conséquence de l'être : l'action manifeste si bien ce qu'est la substance, que les êtres se classent naturellement en leurs divers degrés de perfection par les richesses variées de leurs opérations.

Le corps brut agit à sa manière ; il modifie et transforme peut-être d'autres corps ; mais un simple coup d'œil sur les choses fait voir, à côté de lui, et le dominant, des êtres doués d'une activité plus puissante, plus directrice d'elle-même : ce sont les vivants.

III

LA VIE

c'est une forme qui naît dans ce corps-ci, à la fois de la potentialité de la matière et de la puissance active que possède le premier corps par sa forme (1).

On aperçoit déjà la grande portée de cette théorie pour l'interprétation des phénomènes naturels. La suite de nos études en développera les applications.

(1) Corpus agit secundum quod est in actu, in aliud corpus secundum quod est in potentia (I, q. cxv, a. 1).

L'intelligence, en associant la matière à la forme, parvient à s'en faire quelque idée, et conçoit ce sujet déterminable comme la base permanente des transformations corporelles qu'apporte l'évolution de l'univers: en même temps, les diverses formes de substances et les diverses formes de qualités se présentent à l'esprit comme les termes et les buts que poursuit ce mouvement de la nature (1). La forme est donc, à la fois, principe et fin, principe de constitution substantielle ou de qualité et principe d'action, fin de l'action génératrice qui produit l'être entier, ou des modifications de l'être.

Tel corps agit, par sa forme active, sur tel autre corps qui, par sa matière, est susceptible d'éprouver le résultat de l'action ; et cet effet,

---

tentia simpliciter, sicut materia prima, quæ est subjectum formæ substantialis et privationis oppositæ (I, q. XLVIII, a. 3).

(1) Materia transmutatur, non tantum transmutatione accidentali, sed etiam substantiali; utraque enim forma in materiæ potentia præexistit; unde agens naturale quod materiam transmutat, non solum est causa formæ accidentalis, sed etiam substantialis (Q. disp. *de Potentia*, q. III, a. 11, ad. 10).

Ce qui est le plus délicat à saisir, dans cette doctrine, c'est le caractère propre de la matière première.

« La matière est inconnaissable par elle-même (1) », avait dit Aristote. Et saint Thomas se complaît à répéter souvent cette impossibilité de connaître directement la matière, parce qu'elle n'a pas d'être par elle-même, parce que son essence propre est d'être pure potentialité, seulement principe de devenir et de pâtir, et non principe d'exister et d'agir : mais nous la connaissons indirectement en connaissant les formes, dont elle est sujet, et qui, en déterminant sa puissance de devenir, font avec elle les substances corporelles et leur donnent le pouvoir d'agir, tandis que la matière leur confère la capacité de pâtir, de recevoir l'effet d'une action (2).

(1) Ἡ δ' ὕλη ἄγνωστος καθ' αὑτήν (Τῶν μετὰ τὰ φυσικά, VI, x (13), F. D.).

(2) Materia secundum se neque esse habet, neque cognoscibilis est (I, q. xv, a. 3, ad. 3). — Materia, sicut non est ens nisi in potentia, ita nec bonum nisi in potentia (I, q. v, a. 3, ad. 3). — Materia prima, quæ est potentia pura, sicut Deus est actus purus (I, q. cxv, a. 1, ad. 2). — Ens in po-

Donc, tout est actif, même le corps brut et inorganique ; mais tout n'a pas le même degré d'activité, et nous verrons s'échelonner les activités de plus en plus parfaites en parcourant la suite ascendante des êtres issus, à la fois, de la tendance à être formée et déterminée que possède la matière, et de l'impulsion formatrice que le Créateur a imprimée à la nature par le ministère de formes substantielles.

Résumons la théorie de la matière et de la forme par cette déclaration d'Aristote : « Nous disons qu'il y a un genre des êtres qui est la substance, et de celle-ci un des principes est comme matière, lequel par lui-même n'est pas quelque chose de déterminé, l'autre est la forme spécifique, en vertu de laquelle commence de se dire quelque chose de déterminé : troisièmement vient le composé de ces deux principes. Or, la matière est puissance, et la forme spécifique est perfection actuelle (1). »

(1) Λέγομεν δὴ γένος ἕν τι τῶν ὄντων τὴν οὐσίαν, ταύτης δὲ τὸ μὲν ὡς ὕλην, ὃ καθ' αὑτὸ μὲν οὐκ ἔστι τόδε τι, ἕτερον δὲ μορφὴν καὶ εἶδος, καθ' ἣν ἤδη λέγεται τόδε τι, καὶ τρίτον τὸ ἐκ τούτων. Ἔστι δ' ἡ μὲν ὕλη δύναμις, τὸ δ' εἶδος ἐντελέχεια (Περὶ ψυχῆς, II, I (2), F D.).

qu'on agit, et que plus on est en acte, plus on est puissant pour agir, si bien que Dieu est tout-puissant à l'œuvre précisément parce qu'il est tout acte, acte parfait par son être, c'est que la puissance d'agir est, dans l'essence éternelle de toute chose, indissolublement liée à l'acte d'exister (1).

sursum moveri. Agere autem per se aliquem effectum convenit enti in actu ; nam unumquodque agens secundum hoc agit quod in actu est. Omne igitur ens actu natum est agere aliquid actu existens (*C. Gent.*, lib. II, cap. vi). — Agere autem, quod nihil est aliud quam facere aliquid actu, est per se proprium actus, inquantum est actus (I, q. cxv, a. 1).

(1) Quod dat alicui aliquod principale, dat eidem omnia quæ consequuntur ad illud ; sicut causa quæ dat corpori elementari gravitatem, dat ei motum deorsum. Facere autem aliquid actu consequitur ad hoc quod est esse actu, ut patet in Deo ; ipse enim est actus purus et est prima causa essendi omnibus, ut supra (lib. I, c. xiii ; lib. II, c. xv) dictum est. Si igitur communicavit aliis similitudinem suam quantum ad esse, inquantum res in esse produxit, consequens est quod communicavit eis similitudinem suam quantum ad agere, ut etiam res creatæ habeant proprias actiones (*C. Gent.*, lib. III. c. lxix).

même aux substances les plus matérielles, une certaine puissance active, un certain pouvoir d'agir. Pour lui, l'existence serait vaine, inutile, sans but, et par conséquent inexplicable et sans motif suffisant, si elle ne portait pas avec elle une capacité d'action, une faculté d'opérer quelque effet (1). Cette perfection est tellement due à l'être que Dieu même ne saurait rien créer qui n'en fût doué; car sa sagesse s'oppose autant que sa bonté à priver une créature quelconque de ce qui convient à tout ce qui est. Il semble même qu'il y ait quelque contradiction radicale à supposer un sujet existant positivement, en acte déterminé et réel, sans qu'il possède par là même de quoi faire lui-même aussi de l'acte réel et déterminé (2) : puisque c'est parce qu'on est en acte

(1) Omnes res creatæ viderentur quodammodo esse frustra, si propria operatione destituerentur, quum omnes res sint propter suam operationem. Semper enim imperfectum est propter perfectius. Sicut igitur materia est propter formam, ita forma, quæ est actus primus, est propter suam operationem, quæ est actus secundus ; et sic operatio est finis rei creatæ (I, q. cv, a. 5).

(2) Quod per se alicui convenit, naturaliter ei inesse necesse est, sicut homini rationale et igni

les qualifient ; c'est, par exemple, parce qu'ils sont chauds qu'ils échauffent, parce qu'ils sont électrisés qu'ils agissent par l'électricité ; et la lumière, qui éclaire, est qualité de quelque substance lumineuse.

L'inertie dénote l'existence d'un élément passif dans les corps, la force agissante celle d'un élément actif. La passivité est une susceptibilité d'acquérir quelque modification, sans pouvoir se modifier soi-même ; c'est une capacité de devenir, et non de faire : elle va donc avec la potentialité d'une matière première. L'activité est un rayonnement de l'être et de la nature spécifique : c'est parce qu'une cause a l'existence actuelle et parce qu'elle a telle nature, qu'elle agit (1). Le pouvoir d'agir est donc une émanation naturelle d'une forme qui détermine à une actualité spécifique la matière potentielle.

Saint Thomas, avec raison, se montre constamment préoccupé d'assurer à tous les êtres,

---

(1) Sicut potentia passiva sequitur ens in potentia, ita potentia activa sequitur ens in actu ; unumquodque enim ex hoc agit quod est actu, patitur vero ex eo quod est potentia (*C. Gent*, lib. II, cap. VII).

divisible et non étendue : on ne peut rien lui ôter de ce qui la constitue, ni lui rien ajouter de constitutif, sans qu'elle cesse d'être elle-même (1).

III. — Deux autres caractères, opposés l'un à l'autre, confirment la dualité de composition de la substance corporelle.

Les corps sont inertes, impuissants par eux-mêmes à se donner le mouvement, s'ils ne l'ont pas, à faire cesser ou à modifier le mouvement qui leur a été imprimé. Et cependant, ils nous apparaissent comme doués d'une certaine activité naturelle. N'agissent-ils point sur nous par la couleur, le son, l'odeur, la saveur, la résistance ? N'agissent-ils point les uns sur les autres par le mouvement, la chaleur, l'électricité, le magnétisme, la lumière ? Les forces physiques et chimiques sont les causes prochaines par lesquelles les corps produisent ces actions diverses : ils se présentent comme possédant eux-mêmes ces forces qui

(1) Materiam autem dividi in partes non convenit, nisi secundum quod intelligitur sub quantitate; qua remota, remanet subtantia indivisibilis, ut dicitur in I *Physic.* (I, q L, a. 2).

dans la matière première, précisément parce que cette quantité est susceptible de dimensions quelconques, indifféremment, et que l'indifférence, la susceptibilité indéterminée sont les caractères propres de la matière. Mais, pour que les dimensions existent en fait, il faut que la matière y soit déterminée par la forme qui fait la substance ; elles sont produites comme une conséquence de la formation substantielle du corps, elles épanouissent celui-ci dans l'espace, lui donnent sa figure et ses proportions extérieures (1). La forme spécifique, en même temps, se répand dans ces dimensions, car c'est dans cette quantité que le corps est ce qu'il est (2). Au fond, néanmoins, l'essence corporelle est réellement distincte de cette extension ; elle est en soi in-

---

(1) Ex hoc quod materia constituitur in esse corporeo per formas, statim consequitur ut sint in ea dimensiones, per quas intelligitur materia divisibilis per diversas partes, ut sic secundum diversas sui partes possit esse susceptiva diversarum formarum (*Q. disp. De Anima*, a. 9)

(2) Forma enim, inquantum perficit materiam dando ei esse, quodammodo supra ipsam effunditur (I, p. xiv, a. 2).

appelle *corporéité* la triple dimension sous laquelle se présente cette substance, la matière première, principe d'indivisibilité indéfinie, devra être jugée incapable, par elle seule, de faire la *corporéité* : pour que les trois dimensions s'établissent, il faut un autre élément qui fixe la *potentialité* de la matière, sa capacité indifférente, en une extension positive, qui accomplisse la formation concrète du corps, qui en soit la forme constitutive.

Mais, si l'on reconnaît qu'à l'étendue s'ajoutent des propriétés spécifiques, ce sera le même principe qui formera la *corporéité* et qui causera les propriétés caractéristiques : car, nous l'avons déjà noté, dès qu'une chose existe, il faut que par là même elle ait la marque de son espèce. Saint Thomas a donc bien dit : « La forme de corporéité n'est pas la même dans tous les corps, parce qu'elle n'est pas autre que les formes par lesquelles les corps se distinguent les uns des autres (1). »

Cependant, la quantité extensive a sa racine

---

(1) Forma corporeitatis non est una in omnibus corporibus, quum non sit alia a formis quibus corpora distinguuntur (I, q. LXVI, a. 2, ad 3).

sans fin, n'aurait pas de quoi donner à celui-ci une consistance précise ; tout corps, semble-t-il, serait plutôt de nature à se dissoudre en un insaisissable néant qu'à se consolider en une réalité sensible.

Pour exister, il faut avoir une certaine unité d'être, donc une certaine indivisibilité, et dans la constitution un principe d'indivisibilité. La cause intime de l'étendue, de la quantité divisible, paraît donc insuffisante à constituer, à elle seule, l'essence corporelle, car elle paraît impuissante à lui conférer l'indivisible unité de l'être (1).

On est ainsi porté à admettre dans la subtance des corps, à la fois, un principe d'étendue indéterminée et un autre principe qui détermine, en elle, l'extension même. Si l'on

(1) Esse cujuslibet rei consistit in indivisione ; et inde est quod unumquodque sicut custodit suum esse, ita custodit suam unitatem.... Sic igitur ens dividitur per unum et multa, quasi per unum simpliciter et multa secundum quid. Nam et ipsa multitudo non contineretur sub ente, nisi contineretur aliquo modo sub uno (I, q. xi, a. 1, corp. et ad. 2). — Per se unius unum est causa, et multa non sunt causa unius nisi per accidens, inquantum scilicet sunt aliquo modo unum (I, q. xi, a. 3).

déclaration de Wurtz : « La diversité de la matière résulte de différences primordiales, éternelles, dans l'essence même des atomes et dans les qualités qui en sont la manifestation ».

II. — Mais, lors même qu'on prétendrait réduire la subtance corporelle au seul caractère de l'étendue, on ne saurait échapper à la dualité de principes, pour la constitution de cette substance.

Par elle-même, en effet, redisons-le, toute étendue est indéfiniment divisible. Quelque fraction qu'on en prenne, on pourra toujours fractionner cette fraction à son tour, puis fractionner la fraction de cette fraction, et ainsi de suite, sans s'arrêter jamais, si aucun autre principe que celui d'étendue n'entre dans la subtance. Mais, si cette divisibilité illimitée était possible en fait et si rien n'était avec elle pour y mettre un terme, quelle raison naturelle y aurait-il pour que l'étendue se fixât en une dimension quelconque? L'indéfini même de sa divisibilité la laisserait indifférente à toute extension déterminée : le principe interne qui ferait le corps ainsi susceptible d'être divisé

forme, ni sous une seule forme commune, mais sous des formes distinctes (1) ». Celles-ci sont la réalisation d'idées conçues éternellement par l'intelligence divine : si donc elles sont nées dans le temps avec la création des corps, elles ont leur origine première dans des types éternels ; là, dans l'entendement de Dieu, de toute éternité, elles sont essentiellement déterminées comme principes déterminants, tandis que la matière première y est essentiellement indéterminée, parce qu'en soi elle est principe seulement déterminable (2) : quant aux propriétés spécifiques des corps, elles sont une dérivation de leurs formes substantielles. On voit jusqu'à quel point le système de saint Thomas se concilie avec cette

---

(1) Oportet dicere quod materia prima neque fuit creata omnino sine forma, neque sub forma una communi, sed sub formis distinctis (I, q. LXVI, a. 1).

(2) Omne quod agit per intellectum, repræsentat speciem sui intellectus in re facta ; sic enim agens sibi per artem facit simile. Deus autem fecit creaturam ut agens per intellectum, et non per necessitatem naturæ, ut supra (c. XXIII) ostensum est. Species igitur intellectus divini repræsentatur in creatura per ipsum facta (*C. Gent.*, lib. II, cap. XLV).

sont pas des groupes d'atomes seulement juxtaposés. Mais, à son avis aussi, l'étendue abstraite, mathématique, géométrique, est seule divisible indéfiniment ; les corps étendus ne peuvent naturellement être divisés que jusqu'à une certaine quantité, qui n'est pas la même pour tous et qui est exigée par leur forme spécifique (1).

D'après saint Thomas, encore, « la matière première n'a pas été créée tout à fait sans

---

(1) Sciendum est igitur quod corpus, quod est magnitudo completa, dupliciter sumitur : scilicet mathematice, secundum quod consideratur in eo sola quantitas ; et naturaliter, secundum quod consideratur in eo materia et forma. Et de corpore quidem naturali, quod non possit esse infinitum in actu, manifestum est. Nam omne corpus naturale aliquam formam substantialem habet determinatam. Quum igitur ad formam substantialem consequantur accidentia, necesse est quod ad determinatam formam consequantur determinata accidentia, inter quæ est quantitas. Unde omne corpus naturale (III, *Physic.*) habet determinatam quantitatem et in majus et in minus. Unde impossibile est aliquod corpus naturale infinitum esse (I, q. VII, a. 3). — Cf. in I *Physic.*, lect. VIII ; *de Sensu et Sensato*, lect. XV ; *Q. disp. de Potentia*, q. IV, a. 1, ad. 5.

poids relatifs et par les mouvements dont ils sont animés. Ils sont indestructibles, indivisibles par les forces physiques et chimiques auxquelles ils servent, en quelque sorte, de points d'application. La diversité de la matière résulte de différences primordiales, éternelles, dans l'essence même de ces atomes et dans les qualités qui en sont la manifestation (1) ».

Il est donc rationnel de penser que toutes les substances corporelles se composent d'un élément commun, principe d'étendue et de divisibilité, car tous les corps, même les corpuscules appelés atomes, peuvent être raisonnablement considérés comme étendus, et l'étendue, par essence, est divisible ; et d'un élément spécifique, principe constitutif ou formateur de leur nature déterminée, de l'extension arrêtée de chaque atome et de son indivisibilité en une limite particulière, naturellement fixée, si l'on conçoit l'atome ainsi caractérisé.

Ce point de vue s'accorde avec l'opinion de saint Thomas. Sans doute, à son avis, il y a continuité dans l'étendue des corps ; ils ne

---

(1) Ad. Wurtz, *la Théorie atomique*, 1883, p 224.

autres. Les sciences physiques et naturelles les classent précisément suivant ces propriétés particulières, dont l'une est quelquefois directement contraire à une autre : ainsi, pour constater la présence de l'oxygène, on plonge dans la matière gazeuse un corps ayant quelques points en ignition ; si la combustion devient plus vive, c'est qu'il y a là de l'oxygène ; la même expérience faite sur l'azote donne l'extinction complète, la combustion est impossible dans ce gaz. Cet exemple élémentaire met en relief les deux aspects des corps: l'oxygène et l'azote ont d'abord même apparence ; ils sont tous deux à l'état gazeux, sous une forme d'extension et de divisibilité semblable ; mais, bientôt, il est visible que leurs propriétés sont différentes, opposées ; l'un défait ce que l'autre avait fait, et cela arrive naturellement, tant pour l'un que pour l'autre.

Aussi, dans l'hypothèse que les corps sont des collections d'atomes, a-t-on été amené à supposer chaque atome doué de caractères distincts. C'est ainsi que Wurtz a écrit : « Les atomes ne sont pas des points matériels; ils ont une étendue sensible et sans doute une forme déterminée ; ils diffèrent par leurs

II

CONSTITUTION ESSENTIELLE DES CORPS

I. — La distinction entre les propriétés communes et les propriétés spécifiques des corps peut être invoquée en faveur de la théorie de la matière et de la forme.
II. — Un autre argument favorable peut être tiré de l'opposition entre l'étendue indéfiniment divisible et l'unité naturelle des corps.
III. — Les deux caractères d'inertie et d'activité sont aussi en faveur de la même théorie.

I. — Si l'on veut essayer de pénétrer, par une observation raisonnée, dans la nature intime des corps, on sera conduit à reconnaître que la théorie de la matière et de la forme, empruntée par saint Thomas à Aristote, est une vue aussi juste que féconde.

Que voyons-nous, en effet, dans les corps ? A la fois, des propriétés communes qui les marquent tous d'un caractère général, ainsi l'étendue et la divisibilité ; et des propriétés particulières qui les distinguent les uns des

et forme, comme la divisaient Aristote et saint Thomas.

est loisible de nous faire de l'atome telle idée qu'il nous plaira (1) ».

Nous pouvons profiter de cette liberté et admettre, si de bonnes raisons nous y décident, que la plus petite quantité pondérable d'un élément qui puisse entrer en réaction n'est pas absolument irréductible, mais qu'elle comprend en elle-même deux principes : l'un seulement potentiel et déterminable, la matière première ; l'autre essentiellement déterminant et formateur de substance, la forme substantielle. Ces deux principes seraient unis naturellement pour constituer ensemble la substance de l'atome ; mais cette substance serait sujette à transformation, la matière première, principe déterminable, pouvant être déterminée successivement par différents principes formateurs. Tel serait le fondement de l'évolution des choses matérielles.

Il nous reste à voir si, en dehors des combinaisons chimiques, nous n'avons pas des raisons suffisantes pour conserver la division de l'essence corporelle en deux principes, matière

(1) Paul Schützenberger, *Traité de Chimie générale*, 1880, introduction, pp. iv, v.

exagéré à l'idée d'atomes invariables en eux-mêmes et irréductibles, constituant par seule juxtaposition tous les corps. Et cependant, ce n'est qu'une hypothèse : l'existence de tels atomes n'est pas chose certaine et démontrée.

« La notion des atomes et de la matière discontinue est une hypothèse et rien de plus, dit un chimiste contemporain. L'atome chimique ne constitue pas nécessairement une petite masse non divisible, invariable en poids, en forme et en volume. L'atome chimique n'est pour nous que *la plus petite quantité pondérable d'un élément qui puisse entrer en réaction*. Nous envisageons cette plus petite quantité non comme une valeur absolue, mais comme un rapport ; et, si nous la fixons par un nombre, c'est uniquement par comparaison avec la base du système de notation adopté. En prenant l'hydrogène comme base et comme unité, l'expérience apprend que les proportions de chlore qui entrent en jeu dans les réactions sont toujours des multiples entiers de 35,5 et que le plus petit facteur entier est l'unité : 35,5 est ce que nous appelons l'*atome* de chlore. En dehors de cette définition, il nous

elle veut avoir seulement un mélange, elle ne soumet pas la matière à des lois si rigoureuses. Si cette raison était admise par les savants modernes, ils pourraient s'approprier cette formule de saint Thomas : « Des diverses proportions des corps qui se combinent, viennent diverses formes substantielles dans les divers composés. »

Rien ne nous interdit de regarder au moins comme probable la génération de substances proprement dites dans les combinaisons chimiques; dans cette hypothèse, la fusion de plusieurs qualités des composants en une qualité intermédiaire qui, sans être exactement la qualité d'aucun des corps simples, est la résultante équilibrée de leurs propriétés, expliquerait suffisamment les caractères du composé et sa décomposition ultérieure en ses éléments primitifs, sans qu'il fût nécessaire de supposer que la combinaison n'est qu'un groupement d'atomes et qu'il n'y a dans ce fait naturel aucune transformation substantielle.

Ce qui souvent empêche d'adopter la théorie aristotélicienne sur la formation de substances dans les combinaisons, c'est l'attachement

saient produits par la combinaison des quatre éléments? Ou bien ne sont-ils que des agrégats d'atomes simples groupés en certaines proportions ?

Ce qui est certain, c'est que la chimie ne peut pas prouver que le composé ne soit pas un corps substantiellement nouveau. La reconstitution par la synthèse, après la décomposition par l'analyse, n'est pas nécessairement une réunion par simple assemblage de corps primitifs seulement désagrégés par la première opération : ce peut être une transformation reconstituante, comme l'analyse serait une transformation destructive. Et cela pourrait être, lors même que toutes les substances matérielles seraient divisibles en atomes de corps simples : car des atomes d'espèces différentes pourraient, en se combinant, prendre ensemble une autre forme de substance, et faire ainsi une molécule mixte, substance nouvelle. Les proportions définies et les proportions multiples, conditions nécessaires des combinaisons chimiques, ne seraient-elles pas la marque de l'intention bien arrêtée, qu'aurait la nature, de former par ces opérations de vraies substances, déterminées par des principes d'êtres nouveaux? Quand

par un plus grand nombre de corps simples, et qu'elle considère ceux-ci comme incapables de se transformer l'un en l'autre. Plusieurs corps regardés autrefois comme composés, par exemple l'or et l'argent, sont aujourd'hui comptés comme corps simples ; d'autre part, si les antiques éléments, terre, eau, air et feu, ne doivent pas être appelés plutôt des états de la matière corporelle, à peu près comme les divers états, solide, liquide, gazeux, attribués aujourd'hui aux corps, si ce sont des substances, nous les savons maintenant composés par mélange ou par combinaison, et non simples ; nous avons, par exemple, fait l'analyse de l'eau et de l'air, et nous sommes bien sûrs que les éléments constitutifs que nous avons trouvés sont les vrais composants de ces substances complexes, car par la synthèse nous les avons contraints à refaire eux-mêmes l'eau, par combinaison, et l'air, par mélange.

Que dire donc, au point où en est la science, des composés engendrés par la combinaison des corps simples ? Sont-ils vraiment de nouvelles substances, comme étaient, d'après Aristote et saint Thomas, les mixtes qu'ils suppo-

II. — Cette doctrine est-elle en contradiction avec les données certaines de la science moderne ?

On sait que la chimie n'admet plus les quatre éléments des anciens, qu'elle a remplacés

habilitatem aliquam immediate ad eam, sed oportet eam primo induere formas elementorum, quum mixtum non possit fieri nisi ex miscibilibus præsuppositis. Has tamen formas, licet materiam ordinent ad formam mixti, necesse est materiam deponere in aceptione formæ mixti, quia in mixto ipso est aliquid quod natum est agere ad dissolutionem ipsius mixti. Forma tamen mixti immediate inest ipsi materiæ loco formarum simplicium, faciens subjectum virtutibus formarum elementorum. Unde ex diversis proportionibus miscibilium sunt diversæ formæ substantiales in diversis mixtis : alia enim est forma mixtionis in auro, alia in lapide, alia in argento... Sic igitur oportet materiam prius formari formis simplicium corporum, quas oportet deponere in adventu formæ mixti, licet virtute in mixto maneant, non autem in essentia... In qualibet igitur parte rei habentis diversas partes erit aliqua qualitas media, quæ fit ex qualitatibus simplicibus alteratis ad invicem ; et hæc qualitas erit propria dispositio ad formam mixti, sicut calor intensus disponit ad formam ignis (Opusc. *de Natura generis*, cap. XVI). — Cf. *Sum. theol.*, I, q. LXXVI, a. 4, ad. 4).

l'air. Ce concours des qualités primitives, modifiées l'une par l'autre, et se fondant en une qualité moyenne, pour la génération du mixte, est la raison qui rend nécessaires des proportions diverses en nature et en qualité, dans les corps qui se combinent en une autre substance. Après la combinaison, le composé est un corps d'autre espèce que les composants ; mais il a néanmoins, en lui-même, ce qu'il faut pour reproduire, en se décomposant, les éléments qui l'ont formé : car la qualité moyenne, d'où il est issu et dont il a gardé l'empreinte, peut, sous l'influence d'un agent extérieur, être altérée au point de faire revivre les qualités primitives des éléments et amener la régénération des corps simples (1).

(1) Materia prima primam habitudinem habet ad formam elementi. Si enim debet generari ignis, non transmutatur ad formam corporis et postmodum devenit ad formam ignis, sed statim in eodem instanti quo corrumpitur forma aeris vel quo inducitur forma ignis : qualitas enim activa ignis nihil intendit nisi inductionem formæ ignis, cujus ipsa est passio, et in cujus virtute agit. Et certum est quod non agit in virtute formæ corporis, quum non sit ejus accidens proprium. Sed certe sic se non habet materia nuda ad formam mixti : unde non habet

mixtes, lorsqu'elle y sera déterminée du dehors ; par cette transformation, elle sera dépouillée des premières, pour être revêtue des autres, instantanément, sans que jamais elle existe sans forme ou sous une forme de corps qui ne soit par celle d'une substance spécifiquement qualifiée. Il ne peut y avoir de corps qui ne soit tel ou tel corps, la matière ne peut prendre une *corporéité* qui ne lui soit donnée par une forme substantielle de telle ou telle espèce. Dans une combinaison, les formes substantielles des éléments simples ne demeurent pas en acte, mais leurs qualités se prolongent en quelque mesure dans une qualité moyenne, intermédiaire entre les qualités des composants, et cette qualité moyenne, résultat de l'altération réciproque des éléments simples, est la disposition qui amène la génération du composé, substance nouvelle, constituée avec la matière première par une forme substantielle nouvelle : de même que la chaleur du feu, en échauffant un autre élément, l'air, produit une qualité simple, semblable à elle-même, une chaleur, qui peut être assez intense, comme disposition préalable, pour faire naître du feu dans la matière de

que donne saint Thomas de cette évolution, d'après Aristote, est exacte, elle éclairera d'un jour continu le travail intime des générations et des développements physiques.

Dans cette théorie, la forme qui constitue avec la matière première une substance corporelle, est appelée *forme substantielle*, c'est-à-dire constitutive de substance. D'autre part, les principes qui font les caractères complémentaires de la substance déjà formée, comme les principes du blanc ou du noir, du chaud ou du froid, du sec ou de l'humide, sont dits *formes accidentelles*. De même que la substance, en restant entière, change de forme accidentelle ; de même, la matière première, base primitive, déterminable et permanente de la substance corporelle, change de forme substantielle, sous l'action de certains agents (1). Sa prédisposition naturelle est d'abord pour les formes des corps simples, et celles-ci la disposent à prendre des formes de substances

---

(1) In qualibet conversione naturali, manet subjectum in quo succedunt sibi diversæ formæ, vel accidentales, sicut quum album in nigrum convertitur, vel substantiales, sicut quum aer in ignem (*C. Gent.*, lib. IV, cap. LXIII).

Cette explication est fort importante; car nous verrons les composés corporels s'enrichir de plus en plus de qualités nouvelles dans la série de plus en plus parfaite des productions de la nature, et cependant les qualités les plus élémentaires s'insinuer et demeurer, bien que modifiées, dans toute la série, et les qualités complexes qui en dérivent concourir à leur tour au perfectionnement des substances, sans perdre entièrement l'influence qu'elles ont reçue des vertus primitives. Si l'interprétation

ad formam corporis mixti, sicut qualitas simplex ad formam corporis simplicis. Sicut igitur extrema inveniuntur in medio, quod participat utriusque naturam; sic qualitates simplicium corporum inveniuntur in propria qualitate corporis mixti. Qualitas autem corporis simplicis est quidem aliud a forma substantiali ipsius; agit tamen in virtute formæ substantialis: alioquin calor calefaceret tantum, non autem per ejus virtutem forma substantialis educeretur in actum, quum nihil agat extra suam speciem. Sic igitur virtutes formarum substantialium simplicium corporum salvantur in corporibus mixtis. Sunt igitur formæ elementorum in mixtis non actu, sed virtute. Et hoc est quod dicit Philosophus in I *de Generatione* (Opuscul. *de Mixtione elementorum, ad magistrum Philippum*). — Cf. in I *de Generatione et Corruptione*, lect. xxiv.)

que la *forme substantielle* de ce corps ; et cependant elle agit en vertu de la *forme substantielle*; autrement la chaleur échaufferait seulement, et n'aurait pas la vertu d'amener à l'acte la forme substantielle du feu, puisque rien n'agit en dehors de son espèce. Ainsi donc, les vertus des formes substantielles des corps simples sont conservées dans les corps composés. Les formes des éléments sont donc dans les composés, non en acte, mais par leur vertu. Et c'est ce que dit le Philosophe au premier livre du traité *de la Génération* (1)».

(1) Oportet ergo alium modum invenire, quo veritas salvetur mixtionis, et elementa non totaliter corrumpantur, sed aliqualiter in mixto permaneant. Considerandum est igitur quod qualitates activæ et passivæ elementorum sunt ad invicem contrariæ et suscipiunt magis et minus. Ex contrariis autem qualitatibus suscipientibus magis et minus constitui potest media qualitas, quæ utriusque sapiat extremi naturam, sicut pallidum inter album et nigrum, et tepidum inter calidum et frigidum. Sic igitur, remissis excellentiis qualitatum elementarium, constituitur ex eis quædam qualitas media, quæ est propria qualitas corporis mixti, differens tamen in diversis secundum diversam mixtionis proportionem : et hæc quidem qualitas est propria dispositio

vérité de la combinaison et permette de dire que les éléments n'y sont pas totalement détruits, mais qu'ils demeurent dans le composé d'une certaine manière. Considérons donc que les qualités actives et passives des éléments sont contraires, l'une à l'égard de l'autre, et susceptibles de plus et de moins. Or, de qualités contraires susceptibles de plus et de moins peut être constituée une qualité moyenne, qui tient de la nature des deux extrêmes, comme le pâle entre le blanc et le noir, et le tiède entre le chaud et le froid. Ainsi donc, par la réduction des excédants des qualités élémentaires, se constitue une certaine qualité moyenne, qui est la propre qualité du corps composé, différente cependant dans les divers composés suivant les diverses proportions de la combinaison : et cette qualité moyenne est la propre disposition à la forme du corps composé, comme la qualité simple est à l'égard du corps simple. Comme donc les extrêmes se trouvent dans le moyen, qui participe à la nature de l'un et de l'autre; de même, les qualités des corps simples se trouvent dans la qualité propre du corps composé. Or, la qualité du corps simple est quelque chose autre

« Nous voyons que les substances qui se combinent étaient séparées d'abord, puis s'unissent ensemble et peuvent ensuite être séparées encore. Donc, ni elles ne demeurent en acte, comme le corps et la blancheur, ni elles ne sont détruites l'une et l'autre, pas plus que l'une d'elles seulement : car leur vertu est conservée (1) ». Et il avait bien distingué le mélange (σύνθεσις), dans lequel les corps primitifs existent encore avec leur substance entière et sont seulement juxtaposés par leurs parties extrêmement divisées, de la combinaison (μῖξις, κρᾶσις) où se fait une nouvelle substance dont chaque partie, même la plus petite, est de même nature que les autres, comme toute partie de l'eau est de l'eau (2).

Saint Thomas s'est pénétré de la pensée d'Aristote et la développe en ces termes : « Il faut trouver un moyen qui sauvegarde la

---

(1) Φαίνεται δὲ τὰ μιγνύμενα πρότερόν τε ἐκ κεχωρισμένων συνιόντα καὶ δυνάμενα χωρίζεσθαι πάλιν. Οὔτε διαμένουσιν οὖν ἐνεργείᾳ ὥσπερ τὸ σῶμα καὶ τὸ λευκόν, οὔτε φθείρονται, οὔτε θάτερον οὔτ' ἄμφω· σώζεται γὰρ ἡ δύναμις αὐτῶν (Περὶ γενέσεως καὶ φθορᾶς, I, x (5), F. D.).

(2) *Ibid.*, (7).

Il faut remarquer que la matière première, bien que n'ayant par elle-même aucune forme, n'est cependant en fait jamais privée de toute forme. La privation n'est un principe de la nature qu'en tant que la matière, en se transformant, est privée d'une forme pour en acquérir une autre (1).

Au sujet de la combinaison qui donne naissance aux corps composés, Aristote avait dit :

sic unum est sicut hoc aliquid, hoc est sicut aliquod individuum demonstratum, ita quod habeat formam et unitatem in actu; sed dicitur ens et unum inquantum est in potentia ad formam. Aliud principium autem est ratio vel forma. Tertium autem est privatio, quæ contrariatur formæ (in I *Phys.*, lect. XII).

(1) Sciendum etiam quod, licet materia prima non habeat in sua ratione aliquam formam vel privationem, sicut in ratione aeris non est figuratum vel infiguratum, materia tamen nunquam denudatur a forma et privatione : quandoque enim est sub una forma, quandoque sub alia. Per se autem nunquam potest esse; quia, quum in ratione sua non habeat aliquam formam, non potest esse in actu, quum esse in actu non sit nisi a forma; sed est solum in potentia. Et ideo, quidquid est in actu non potest dici materia prima (Opusc. *de Principiis naturæ*).

c'est ce que nous appelons matière première. Voilà donc le principe, un et premier, de la nature : il n'est pas un comme cette chose-ci, c'est-à-dire comme une chose individuellement désignée, et comme s'il avait forme et unité en acte; mais il est dit être et un en tant qu'il est en puissance à une forme. Il y a un autre principe, c'est la raison spécifique ou forme. Le troisième principe, c'est la privation, qui est contraire à la forme (1) ».

(1) Et dicit quod natura quæ primo subjicitur mutationi, id est materia prima, non potest sciri per seipsam : quum omne quod cognoscitur cognoscatur per suam formam; materia autem prima consideratur subjecta omni formæ; sed cognoscitur « secundum analogiam », id est secundum proportionem. Sic enim cognoscimus quod lignum est aliquid præter formam scamni et lecti, quia quandoque est sub una forma, quandoque sub alia. Quum igitur videamus hoc quod est aer quandoque fieri aquam, oportet dicere quod aliquid existens sub forma aeris quandoque sit sub forma aquæ; et sic illud quod est aliquid præter formam aquæ et præter formam aeris, se habet ad ipsas substantias naturales sicut se habet æs ad statuam et lignum ad lectum et quodlibet materiale et informe ad formam; et hoc dicimus esse materiam primam. Hoc est igitur unum principium naturæ : quod non

Saint Thomas suit de près ce texte dans son commentaire. « Selon Aristote, dit-il, la nature qui est le premier sujet du changement, c'est-à-dire la matière première, ne peut pas être connue par elle-même : car tout ce qui est connu est connu par sa forme ; or, la matière première est considérée comme soumise à toute forme ; mais elle est connue « par analogie », c'est-à-dire par une proportion. C'est ainsi que nous savons que le bois est quelque chose distinct de la forme de l'escabeau et de celle du lit, parce que tantôt il est sous une forme, tantôt sous une autre. De même, comme nous voyons ce qui est air quelquefois devenir eau, il faut dire que quelque chose, existant sous la forme de l'air, est quelquefois sous la forme de l'eau : par suite, ce qui est quelque chose distinct de la forme de l'eau et de la forme de l'air, se comporte, à l'égard des substances naturelles elles-mêmes, comme l'airain à l'égard d'une statue et le bois à l'égard d'un lit, et en général comme tout ce qui est matériel et informe à l'égard d'une forme ; et cela,

οὕτως ἓν ὡς τὸ τόδε τι, μία δὲ ᾗ ὁ λόγος. Ἔτι δὲ τὸ ἐναντίον τούτῳ ἡ στέρησις (Φυσικῆς ἀκροάσεως, I, VII (16), Firmin-Didot).

comme faits d'expérience que les quatre éléments se transforment les uns dans les autres, et qu'ils se combinent entre eux pour constituer des corps composés, substances nouvelles.

Dans ces transformations et ces générations physiques, quelque chose demeure et quelque chose de nouveau se produit. « Et le principe naturel qui est au fond de tout cela, dit Aristote, peut être connu par un rapport. Car, ce qu'est l'airain pour une statue, ou le bois pour un lit, ou, pour quelqu'une des autres choses qui ont forme, ce qu'est la matière et ce qui n'a pas forme avant de recevoir la forme, ce principe l'est pour la substance et pour ce qui est ceci et pour l'être. Il est un, non pas un et une seule chose comme ce qui est ceci, mais un par où la forme de la substance est une. Il y a en outre ce qui est le contraire de la forme, c'est la privation (1) ».

(1) Ἡ δ'ὑποκειμένη ἐπιστητὴ κατ'ἀναλογίαν. Ὡς γὰρ πρὸς ἀνδριάντα χαλκὸς ἢ πρὸς κλίνην ξύλον ἢ πρὸς τῶν ἄλλων τι τῶν ἐχόντων μορφὴν ἡ ὕλη καὶ τὸ ἄμορφον ἔχει πρὶν λαβεῖν τὴν μορφήν, οὕτως αὕτη πρὸς οὐσίαν ἔχει καὶ τὸ τόδε τι καὶ τὸ ὄν. Μία μὲν οὖν ἀρχὴ αὕτη, οὐχ οὕτω μία οὖσα οὐδὲ

I

Les transformations de la matière

I. — Selon Aristote, les changements que subissent les corps, montrent en eux la coexistence d'une matière première persistante et de formes qui se succèdent pour la constituer en substances diverses : la combinaison des éléments donne naissance à un composé dont la forme remplace celle des composants. — Formes substantielles et formes accidentelles.

II. — La science moderne a-t-elle prouvé la fausseté de la théorie d'Aristote et de saint Thomas sur la combinaison des corps ? — La notion des atomes peut être entendue dans un sens qui ne contredit pas cette théorie.

I. — Aristote était arrivé à la conception de la matière et de la forme par la considération des changements qui surviennent dans les corps. Ainsi que les plus anciens philosophes grecs, il distinguait quatre substances élémentaires, la terre, l'eau, l'air et le feu, comme bases premières de toutes les autres substances corporelles, et, partant de là, il posait

L'examen que nous allons faire, nous fixera à cet égard.

Aristote, tout corps est matière, mais non pas seulement matière; tout corps est forme aussi, par conséquent substance à double aspect : la matière a besoin d'autre chose qu'elle-même pour que le corps soit formé.

De là la nécessité d'aborder la théorie de la matière et de la forme, dès le début de nos investigations. Si elle est bien comprise, elle nous livrera le secret de la philosophie de saint Thomas. A vrai dire, c'est l'application de cette théorie à tous les caractères de la nature humaine qui fait le tissu de sa doctrine sur l'homme.

C'est dans Aristote que nous devons chercher les premières vues bien nettes sur la matière et sur la forme ; car c'est là que saint Thomas les a puisées.

Mais peut-être les raisons qui ont décidé l'un et l'autre à adopter ces vues, sont-elles surannées et inadmissibles aujourd'hui, à cause des progrès de la science. Ce n'est pas à dire, cependant, qu'on ne puisse, soit trouver quelque autre raison pour appuyer la même théorie, soit du moins mettre mieux en évidence quelque motif de la conserver que saint Thomas aurait laissé un peu dans l'ombre.

LA MATIÈRE ET LA FORME

INTRODUCTION

Pour connaître l'homme, qui est corps et esprit, il faut savoir d'abord ce que c'est qu'un corps, et pour cela, d'après Aristote et Saint Thomas, définir la matière et la forme, les deux éléments de toute substance corporelle. — Un examen critique est nécessaire de la théorie empruntée par saint Thomas à Aristote sur la constitution des corps.

L'homme est corporel et spirituel, à la fois : pour le connaître, il faut donc savoir ce que c'est qu'un corps, et comme c'est par l'élément corporel que l'homme est attaché à l'évolution de la nature, c'est cet élément qui s'offre tout d'abord à nos recherches sur la constitution fondamentale du composé humain.

Or, d'après saint Thomas comme d'après

II

LA MATIÈRE ET LA FORME

arrive. Nous lui demanderons aussi, à l'autre extrême, ce qu'il a enseigné sur l'état naturel de l'âme séparée du corps par la mort.

Cette étude accomplie, nous aurons approfondi la merveilleuse et riche unité de la nature humaine, et, par les vues pénétrantes de saint Thomas sur ce sujet important, nous pourrons apprécier déjà la valeur de sa philosophie.

à la fois (1). Elle sera néanmoins spirituelle en son essence et radicalement indépendante de la matière dans le fond par où elle subsiste, comme dans ses opérations proprement humaines, la pensée et la volonté.

Voilà notre nature. Nous sommes esprit et corps, corps formé avec la matière par une âme foncièrement spirituelle, et par conséquent immortelle. Et c'est cette âme qui est, en nous, le principe unique d'où dérive toute vie, végétative, sensitive et raisonnable.

L'homme ainsi défini, il faudra examiner comment se constitue et persiste à toujours son individualité, quel rôle joue la matière dans son *individuation*, et comment son âme, toute subsistante qu'elle est, ne saurait à elle seule, avant toute incorporation, faire l'individu humain. Nous demanderons à saint Thomas ce qu'il pense de la formation initiale de l'homme, à quel moment, dans sa génération, l'âme

---

(1) Et inde est quod anima intellectualis dicitur esse quasi quidam horizon et confinium corporeorum et incorporeorum, inquantum est substantia incorporea, corporis tamen forma. (*C. Gent.*, lib. II, cap. LXVIII).

Est-ce un esprit pareil que Celui qui est va créer dans un corps pour faire l'homme? Pas tout-à-fait: car, si peu matériel que soit l'esprit qui nous anime, il a besoin du corps, et pour la vie de nutrition, de croissance et de génération par laquelle nous végétons nous aussi, et pour la vie sensible de connaissance et de passion qui prépare en nous et soutient la vie intellectuelle et volontaire (1). Et cette union, en un seul vivant, de tous les degrés de la vie, c'est l'homme même. Ce qu'il faut ici, c'est donc une âme douée d'intelligence, mais destinée à s'approprier la matière assez intimement pour ne former avec elle qu'un seul être en toute rigueur, une seule substance, bien que substance composée de deux éléments. Cette âme sera vraiment la *forme substantielle* de son corps et de l'homme tout entier, le principe formateur, avec la matière, de l'être humain, un et mixte

---

(1) Quia tamen ipsum intelligere animæ humanæ indiget potentiis quæ per quædam organa corporalia operantur, scilicet imaginatione et sensu, ex hoc ipso declaratur quod naturaliter unitur corpori ad complendam speciem humanam (*C. Gent.*, lib. II, cap. LXVIII).

nature a fait un saut (1). Aussi l'évolution qui pouvait suffire à la génération des vivants moins parfaits, est-elle incapable d'amener l'homme à la vie ; le principe spécifique de cet être, l'âme qui l'anime, doit venir directement d'en haut.

Remontons donc à la source immobile de tout ce qui est, à l'Être infini, qui est par essence, et qui a créé tout être fini.

Près de Dieu créateur, sont des esprits purs qui lui ressemblent, des substances tellement spirituelles que l'élément matériel ne saurait concourir avec elles à former un être composé.

---

(1) Super omnes autem has formas invenitur forma similis superioribus substantiis etiam quantum ad genus cognitionis, quod est intelligere ; et sic est potens in operationem quæ completur absque organo corporali omnino ; et hæc est anima intellectiva ; nam intelligere non fit per organum corporale. Unde oportet quod id principium quo homo intelligit, quod est anima intellectiva, et excedit materiæ conditionem corporalis, non sit totaliter comprehensum a materia aut ei immersum, sicut aliæ formæ materiales, quod ejus operatio intellectualis ostendit, in qua non communicat materia corporalis (*C. Gent.*, lib. II, cap. LXVIII).

ne peut expliquer la sensation ; si l'organe corporel, où elle naît, a besoin d'être disposé par des qualités et des forces de l'ordre inorganique, l'acte sensitif les dépasse. La représentation sensible de ce qui est au dehors, une certaine conscience, le plaisir et la douleur, l'appétit passionnel et le mouvement autonome qui le suit, voilà ce qui élève la bête au-dessus de la vie de végétation et de l'activité inorganique ; voilà ce qui la rend moins asservie à la passivité de la matière. La vie animale est moins dépendante, elle a une allure plus dégagée. Et pourtant, la matière la tient encore : cette vie-là n'agit qu'avec la matière et dans la matière.

II. — Enfin arrive l'homme. Arrêtons-nous avec respect pour le contempler. Sans doute, il a dans son corps les forces inorganiques, la vie de végétation, la vie animale ; mais il pense et il veut, par là il est vraiment libre ; il conçoit l'absolu, le nécessaire, l'immuable, l'éternel, le divin, et il l'aime : les nobles facultés qui le distinguent, émergent au-dessus de l'individualisme étroit et contingent où la matière retenait les êtres inférieurs. A cette étape, la

ment subordonnée à une action venant sur eux du dehors. Ils sont mus plutôt qu'ils ne se meuvent ; mus par d'autres, ils sont impuissants à modifier, à arrêter par eux-mêmes le mouvement qui leur est imprimé ; et, que ce mouvement soit arrêté par une cause contraire, ils sont incapables de le reprendre par eux-mêmes. On dirait que, malgré leur activité naturelle, ils tendent au repos, plutôt qu'au mouvement.

Mais avançons. Voici les végétaux : ceux-ci se meuvent eux-mêmes ; ils se nourrissent pour se former, pour grandir et pour se reproduire. Ils vivent, et la vie, dont nous devrons essayer de démêler les caractères propres, paraît tendre spontanément à l'action constante. Toutefois, cet effort pour s'affranchir des entraves de la matière passive est loin d'aboutir à la délivrance dans la nature végétale. En définitive, le principe spécifique qui fait vivre la plante, est encore dépendant de la matière ; il ne peut rien que par les forces physico-chimiques, ses instruments nécessaires.

Moins esclave est la bête : elle sent. Rien dans la physique, la chimie ni la mécanique

Ainsi commence et se poursuit le déploiement des êtres corporels. Tout être corporel est un composé de matière indéterminée et d'un principe déterminant et spécifique.

Viennent d'abord les natures les moins riches, les corps bruts et inorganiques. Ici encore la pensée moderne a été devancée dans ce qu'elle a de vrai : car les corps bruts sont inertes, mais ils ne sont pas purement inertes ; ils ont leur genre d'activité, ce qu'on peut appeler les forces physiques et chimiques, et saint Thomas enseigne déjà qu'il n'y a pas de matière sans force, comme il n'y a pas de force sans matière, si l'on restreint ce nom de force à signifier seulement l'activité de l'ordre physico-chimique.

Les principes spécifiques des corps bruts sont ainsi complètement plongés dans la matière, qui les tient rigoureusement enchaînés à sa passivité.

Mais il semble que la nature, dans son mouvement d'ascension vers l'Être premier, va dégager peu à peu de cette matière des principes de moins en moins imparfaits qui s'y incorporent.

Les corps bruts ont une activité entière-

de notre étude, les reconnaître complices de cette hypothèse insoutenable, qui de ce qui n'est pas fait sortir ce qui est, par le seul pouvoir d'une évolution naturelle ? Loin de là : remarquons tout de suite que pour saint Thomas, avant la matière, avant tout devenir, avant tous les êtres, Dieu est, et que c'est Dieu qui de rien a fait tout ce qui n'est pas lui, même la matière. Avec cette explication, nous pouvons dire que la matière est l'être indéterminé, susceptible de détermination, l'être en puissance, qu'actualisent, dans l'évolution de la nature, les diverses formes d'êtres qu'il est appelé à recevoir (1).

(1) Considerandum est quod materia per formam contrahitur ad determinatam speciem, sicut substantia alicujus speciei per accidens ei adveniens contrahitur ad determinatum modum essendi, ut homo contrahitur per album.... Hoc igitur quod est causa rerum inquantum sunt entia, oportet esse causam rerum non solum secundum quod sunt talia per formas accidentales, nec secundum quod sunt hæc per formas substantiales, sed etiam secundum omne illud quod pertinet ad esse illorum quocumque modo. Et sic oportet ponere etiam materiam primam creatam ab universali causa entium (I, q. XLIV, a. 2).

truit par saint Thomas avec ce qu'il jugeait le plus solide et le plus durable dans toute la tradition de l'humanité pensante.

Au sommet de l'être est Dieu ; mais au plus bas degré de l'être est la matière ; au point central de la chaîne des êtres qui, par degrés, s'élèvent de la matière jusque près de Dieu, est précisément l'homme, mystère vivant où est réunie toute la création : si bien que de la matière à l'homme et de Dieu à l'homme se présentent comme deux séries, l'une ascendante, l'autre descendante, qui s'embrassent en sa nature mixte. Suivons-en rapidement la marche.

Nous avons nommé la matière. Mais qu'est-ce que la matière ? La pensée moderne qui a supposé un certain être indéterminé, identique au non-être, et se développant par le devenir pour constituer tous les êtres, pourrait être tentée de croire qu'elle est en cela d'accord avec saint Thomas et Aristote : car tous deux définissent la matière ce qui est seulement en puissance, en simple capacité de devenir (1). Allons-nous donc, au début même

(1) Id quod maxime distat a Deo, est materia prima, quæ nullo modo est agens, quum sit in potentia tantum (I, q. cxv, a. 1, ad. 4).

II

LA NATURE HUMAINE

I. — La doctrine de saint Thomas sur la nature humaine est en connexion avec toutes les autres parties de sa philosophie. — Aperçu sur la nature des êtres corporels autres que l'homme : corps bruts, végétaux et animaux ; à quel point ils sont dépendants de la matière.

II. — Aperçu sur la nature de l'homme ; il n'est pas esprit pur ; mais l'âme qui le forme avec la matière est, néanmoins, spirituelle et immortelle.

I. — Dans la philosophie de saint Thomas, nous amènerons au premier plan, pour la considérer dans ses lignes principales, la doctrine sur la nature de l'homme. C'est, dans l'œuvre totale, une pièce maîtresse qui tient à toutes les autres parties de l'édifice : pour en comprendre le rôle, nous devons regarder ce qui l'environne, et saisir le joint de ce morceau avec l'ensemble.

Cette connexion va nous apparaître, au premier coup d'œil jeté sur le monument cons-

joie, si elle réussit à trouver une preuve philosophique d'un dogme d'ailleurs révélé ! Tout l'homme alors est satisfait : soumis à Dieu en ce qu'il ne peut comprendre, il déploie dans le vrai l'intelligence qu'il tient de Dieu, et lui fait en conscience hommage de ses facultés ouvertes et développées.

Saint Thomas nous donne constamment un magnifique exemple de raison alliée à la foi. Sa théologie sacrée est toujours accompagnée de philosophie : il s'applique à démontrer tout ce qui est démontrable, à mettre en relief la probabilité, au regard de la raison elle-même, de ce qui n'est pas susceptible de preuve intégrale. Nous n'aurons pas, dans ce cours, à nous occuper de ce qui, dans son œuvre, a trait au surnaturel proprement dit : mais nous détacherons de l'ensemble ce qui concerne la philosophie naturelle : ce sera l'objet de notre examen attentif.

habet promptam voluntatem ad credendum, diligit veritatem creditam, et super ea excogitat, et amplectitur, si quas rationes ad hoc invenire potest ; et quantum ad hoc ratio humana non excludit meritum fidei, sed est signum majoris meriti (II-II, q II, a. 10).

tout ce qui est divinement révélé : c'est la source de son mérite. Que tel ou tel point lui apparaisse clairement, la valeur de sa foi n'en est pas amoindrie ; car, s'il n'avait pas devant lui cette clarté inévitable, il n'en donnerait pas moins sa fidèle adhésion. Du reste, il aime la vérité sous toutes ses formes et à tous ses degrés ; qu'elle se montre naturellement ou qu'elle manifeste sa présence par des signes ou autres moyens surnaturels, il lui appartient tout entier (1).

Et même la foi, si elle est vive et sincère, est tellement amoureuse de lumière qu'elle est jalouse d'éclairer le dogme de tous les rayonnements de la raison. Ce qu'elle ne peut démontrer tout à fait, elle s'ingénie à en écarter toute apparence d'impossibilité, à le soutenir par tous les arguments probables (2). Quelle

(1) Rationes demonstrativæ inductæ ad ea quæ sunt fidei præambula, non tamen ad articulos, etsi diminuaht rationem fidei, quia faciunt esse apparens id quod proponitur, non tamen diminuunt rationem charitatis, per quam voluntas est prompta ad ea credendum, etiamsi non apparerent ; et ideo non diminuitur ratio meriti (II-II, q. II, a. 10, ad. 2).

(2) Ratio humana potest se habere ad voluntatem credentis consequenter. Quum enim homo

tratives. Il ne faut point confondre les choses: les vérités surnaturelles s'imposent à nous, en définitive, par l'autorité de Dieu révélateur et l'influence d'une grâce intérieure ; les motifs de crédibilité nous invitent à la foi, la font raisonnable, sans prouver cependant le dogme en lui-même (1). Mais celui qui est disposé, de toute son âme, à croire comme il faut à tout ce qui est de foi, conserve tout le mérite de sa croyance, lors même qu'il voit par évidence de raison la vérité d'un dogme mixte, tel que l'existence de Dieu (2). Il adhère avec amour à

---

(1) Ille qui credit, habet sufficiens inductivum ad credendum ; inducitur enim auctoritate divinæ doctrinæ miraculis confirmatæ et, quod plus est, interiori instinctu Dei invitantis ; unde non leviter credit. Tamen non habet sufficiens inductivum ad sciendum, et ideo non tollitur ratio mer.ti (II-II, q. II, a. 9, ad. 3).

(2) Credere debet homo ea quæ sunt fidei, non propter rationem humanam, sed propter auctoritatem divinam... Quando autem homo habet voluntatem credendi ea quæ sunt fidei ex sola auctoritate divina, etiamsi habeat rationem demonstrativam ad aliquid eorum, puta ad hoc quod est Deum esse, non propter hoc tollitur vel diminuitur meritum fidei (II-II, q. II, a. 10, corp. et ad 1).

losophie? Ne serait-il pas plus louable de se contenter de la foi et d'appliquer tout son esprit à croire, et non pas à savoir, même dans la sphère où la démonstration scientifique est possible ? L'éclat de l'évidence domine la raison et force son assentiment: quel mérite y a-t-il à donner une adhésion ainsi nécessaire? Le demi-jour, au contraire, de la révélation laisse la volonté libre de plier l'intelligence à la foi ou de la redresser fière dans son indépendance : la croyance est donc plus volontaire et partant semble plus méritoire.

Mais comment ne serait-il pas digne d'éloge et de récompense de chercher volontairement à acquérir le savoir qui convient à notre nature? Si une clarté dominatrice est au bout de nos investigations rationnelles, par combien de travail et de libre persévérance ne faut-il pas s'acheminer au terme? Ce labeur est dans l'ordre ; bien dirigé, inspiré par une intention élevée, il a son mérite et rehausse notre âme.

D'ailleurs, la foi n'a rien à craindre, dans sa pureté, du voisinage d'une philosophie sagement entendue. Sans doute, ce serait ruiner la croyance par la base que de vouloir croire seulement par raisons rigoureusement démons-

losophie. Ce serait pour nous un préambule rationnel pouvant conduire à la foi, et nous pourrions entrer de là dans la demeure propre de la croyance, dans le séjour de l'assentiment nécessaire à l'autorité révélatrice, pour agrandir et surélever nos connaissances (1). Voilà l'ordre logique pour l'homme parfait : savoir d'abord les vérités philosophiques, spiritualité et immortalité de son âme, existence et perfection de Dieu, par exemple; puis croire aux dogmes supérieurs que Dieu daigne lui révéler et que la raison humaine est radicalement impuissante à se démontrer par sa propre lumière.

IV. — Un doute, cependant, s'élève : est-ce bien la marche la meilleure pour l'homme idéal? Dans ce partage entre la raison et la foi, celle-ci n'abandonne-t-elle pas de son mérite en se laissant suppléer d'abord par la phi-

(1) Ea quæ demonstrative probari possunt, inter credenda numerantur, non quia de ipsis simpliciter sit fides apud omnes, sed quia præexiguntur ad ea quæ sunt fidei, et oportet ea saltem per fidem præsupponi ab his qui eorum demonstrationem non habent (II-II, q. 1, a. 5, ad. 3).

Mais un dogme qui est objet de foi pour une intelligence, peut être objet de science, de philosophie, pour une autre (1). J'ajouterai que le même homme peut, un instant, considérer les motifs de croire, et, à cet instant précis, faire un acte de foi; puis tourner les yeux vers les raisons de savoir, et alors être convaincu par vision scientifique. Ce même homme se multiplie ainsi en deux actes intellectuels d'essences différentes; il est comme deux esprits distincts en un même esprit.

Foi et science n'ont donc pas, il faut le reconnaître, le même objet formel (2). Si nous étions tous aptes à développer entièrement notre nature et si nous avions tous le temps et la volonté de le faire, nous parviendrions tous à une connaissance directe, par principes scientifiques, des vérités qu'embrasse la phi-

---

(1) Potest tamen contingere ut id quod est visum vel scitum ab uno, sit creditum ab alio (II-II, q. 1, a. 5).

(2) Id tamen quod communiter omnibus proponitur hominibus ut credendum, est communiter non scitum; et ista sunt quæ simpliciter fidei subsunt. Et ideo fides et scientia non sunt de eodem (II-II, q. 1, a. 5).

strict, un même dogme: s'il le croit, c'est qu'il n'en a pas actuellement la vision de science; s'il le sait, c'est qu'il n'a pas sur ce point la foi actuelle par soumission d'esprit à l'autorité divine. Certes, comme le dit avec finesse saint Thomas, le fidèle « ne croirait pas, s'il ne voyait pas qu'il faut croire, ou à cause de l'évidence des signes, ou pour quelque autre motif du même genre ». Mais voir qu'il faut croire, ce n'est pas voir ce que l'on croit; ou du moins, c'est le voir croyable, peut-on dire, ce n'est pas le voir scientifiquement connu (1).

(1) Ea quæ subsunt fidei, dupliciter considerari possunt: uno modo in speciali; et sic non possunt esse simul visa et credita, sicut dictum est in corpore articuli; alio modo in generali, scilicet sub communi ratione credibilis; et sic sunt visa ab eo qui credit. Non enim crederet, nisi videret ea esse credenda, vel propter evidentiam signorum, vel propter aliquid hujusmodi (II-II, q. 1, a. 4, ad. 2). — Omnis scientia habetur per aliqua principia per se nota, et per consequens visa: et ideo oportet quæcumque sunt scita aliquo modo esse visa. Non autem est possibile quod idem ab eodem sit visum et creditum, sicut supra dictum est, art. præc. Unde etiam impossibile est quod ab eodem idem sit scitum et creditum (II-II, q. 1, a. 5).

ce sujet précis avoir en même temps et la foi et la connaissance naturelle ? Ne serait-ce pas contradictoire ? Car la foi suppose la volonté de croire à une vérité révélée par Dieu même, mais non directement démontrée par la raison; c'est l'autorité divine, et non l'évidence même de l'objet proposé à l'esprit, qui décide la croyance, tandis que c'est la lumineuse évidence de l'objet qui, par le moyen du moins de la preuve scientifique, impose la conviction en philosophie. Ce n'est pas à dire, sans doute, que l'homme ne soit pas amené à la foi par des raisons de croire, mais ces raisons ne sont décisives que parce qu'elles établissent que Dieu a révélé, et non parce qu'elles prouveraient le dogme même (1). En philosophie, au contraire, l'autorité n'est pas un fondement suffisant: il faut une clarté qui rayonne de la chose.

Le même homme ne peut donc pas, par actes simultanés, croire et savoir, au sens

(1) Fides non habet inquisitionem rationis naturalis demonstrantis id quod creditur; habet tamen inquisitionem quamdam eorum per quæ inducitur homo ad credendum, puta quia sunt dicta a Deo et miraculis confirmata (II-II, q. II, a. 1, ad. 1).

Voilà la cause fondamentale de la coexistence, sur un même domaine, d'une philosophie simplement rationnelle et d'une théologie construite sur des données révélées surnaturellement. Mais, pour l'élite des intelligences, ce domaine n'en reste pas moins le propre terrain de la philosophie : celle-ci a le droit et le devoir de le cultiver, de le féconder, d'en tirer des fruits de science et de direction pratique, et cela à sa manière, selon la méthode qui lui appartient, avec les instruments qu'elle possède (1).

III. — Mais alors, quel sera l'état d'esprit de celui qui veut croire à tous les dogmes révélés et qui a néanmoins, par science démonstrative, la claire vue d'une vérité philosophique comprise parmi ces dogmes ? Pourra-t-il sur

---

(1) Diversa ratio cognoscibilis diversitatem scientiarum inducit... Unde nihil prohibet de eisdem de quibus philosophicæ disciplinæ tractant, secundum quod sunt cognoscibilia lumine naturalis rationis, etiam aliam scientiam tractare, secundum quod cognoscuntur lumine divinæ revelationis. Unde theologia quæ ad sacram doctrinam pertinet, differt, secundum genus, ab illa theologia quæ pars philosophiæ ponitur (I, q. 1, a. 1, ad 2).

l'homme l'apprit par révélation divine ; car la vérité sur Dieu trouvée par les investigations de la raison, c'est par un petit nombre et après un long temps et avec mélange de beaucoup d'erreurs, qu'elle parviendrait à l'homme; et cependant, de la connaissance de cette vérité dépend tout son salut, qui est en Dieu. Donc, pour que les hommes fussent sauvés et plus convenablement et plus sûrement, il était nécessaire qu'ils fussent instruits des choses divines par divine révélation. Il fallait donc, outre les sciences philosophiques, objets des investigations de la raison, une doctrine sacrée, reçue par révélation (1) ».

(1) Ad ea etiam quæ de Deo ratione humana investigari possunt, necessarium fuit hominem instrui revelatione divina ; quia veritas de Deo per rationem investigata, a paucis et per longum tempus et cum admixtione multorum errorum homini proveniret; a cujus tamen veritatis cognitione dependet tota hominis salus, quæ in Deo est. Ut igitur salus hominibus et convenientius et certius proveniat, necessarium fuit quod de divinis per divinam revelationem instruerentur. Necessarium igitur fuit præter philosophicas disciplinas, quæ per rationem investigantur, sacram doctrinam per revelationem haberi (I, q. I., a. 2). — Cf. II - II, q. II, a. 4.

Qui ne connaît le long et pénible labeur qu'exige l'étude de la philosophie? Combien peu d'esprits en sont vraiment capables, et parmi ceux qui en auraient le goût, la force ou la capacité, combien peu ont assez de loisir pour s'y consacrer comme il faudrait, assez de patience, de suite, de persévérance, de ténacité, pour conquérir cette science ardue, pour s'assimiler au moins, de façon intelligente, les conquêtes définitives des meilleurs philosophes? La foi vient au secours de tant de faiblesse; elle enseigne plus rapidement, elle éclaire plus d'esprits, elle persuade les foules, elle a de quoi prétendre à mettre l'humanité en possession des plus sublimes vérités. Plus la philosophie est difficile, plus elle est sujette à erreur et plus elle expose au doute, aux hésitations, à l'incertitude. La foi, s'appuyant sur la révélation, a plus de fermeté, d'assurance, de garantie contre les jugements faux : elle établit l'âme dans une confiante tranquillité.

Saint Thomas résume ces avantages en quelques paroles irréfutables: « Même ce que la raison humaine peut découvrir sur Dieu par ses investigations, il était nécessaire que

roge-t-elle pas le rôle funeste de diminuer, et même d'anéantir, le mérite de la foi ?

Saint Thomas résout avec sa netteté habituelle ces difficultés : suivons-le dans les éclaircissements qu'il nous donne; c'est un guide sûr et autorisé.

II. — Si la foi n'est pas absolument nécessaire pour adhérer aux vérités que la raison peut démontrer par elle-même, si même ces vérités ne sont pas proprement et de leur essence des « articles de foi », mais plutôt « des préambules aux articles de foi », il est incontestable, néanmoins, que pour beaucoup d'hommes la foi est relativement nécessaire ou éminemment utile, afin de décider l'assentiment de leur intelligence à ces propositions capitales (1).

(1) Deum esse et alia hujusmodi, quæ per rationem naturalem nota possunt esse de Deo, ut dicitur Rom. I, non sunt articuli fidei, sed præambula ad articulos. Sic enim fides præsupponit cognitionem naturalem, sicut gratia naturam et ut perfectio perfectibile; nihil tamen prohibet illud quod secundum se demonstrabile est et scibile, ab aliquo accipi ut credibile, qui demonstrationem non capit (*Sum. theol.*, I, q. II, a. 1, ad. 1).

humaine, son libre arbitre, les bases rationnelles et les règles naturelles de la morale, et tout le cortège des certitudes qui préparent, accompagnent ou suivent ces données acquises par le travail de notre intelligence, attentive à se considérer elle-même, à considérer le milieu où nous vivons, les éléments dont nous sommes nous-mêmes formés, et curieuse de pénétrer au fond de l'énigme universelle.

Ce qui est délicat, c'est de préciser le rôle de la foi à la révélation et celui de la science philosophique, sur un même objet, par exemple sur l'existence de Dieu. Si nous pouvons prouver par la philosophie seule que Dieu existe, qu'avons-nous à faire d'une révélation qui vienne nous imposer la croyance à ce dogme ? Comment même pourrions-nous croire, c'est-à-dire adhérer sans démonstration directe, sur un point où nous avons par raisonnement une clarté d'évidence naturelle ? Ne faut-il pas choisir entre la science et la foi, laisser l'une de côté quand on garde l'autre, sur la même matière de doctrine ? Et si la foi contient toujours quelque obscurité qui la rend spécialement méritoire, la philosophie, en éclairant trop la vérité proposée, ne s'ar-

clusion qu'elle soit capable d'établir par ses forces personnelles.

Il est facile de voir, au contraire, par une lecture même incomplète de ses ouvrages, que saint Thomas démontre par les principes de la raison nombre de propositions qui forment un corps de doctrine séparable de la théologie proprement dite.

Et ce n'est pas simplement une heureuse rencontre. Car il enseigne formellement, en thèse expresse et rigoureuse, qu'il existe une philosophie distincte de la doctrine sacrée, celle-là résolvant les problèmes par les ressources naturelles de l'esprit humain, celle-ci cherchant ses preuves dans la révélation divine. L'une et l'autre peuvent se trouver ensemble sur le terrain des mêmes vérités ; mais là même chacune conserve sa physionomie, ses moyens de recherche et d'argumentation, sa valeur particulière.

Oui, il est un système de vérités, importantes au premier chef, que la raison peut, par elle-même, par sa propre puissance, découvrir et démontrer : par exemple, au-dessus de tout, l'existence et la perfection de Dieu ; mais aussi, la spiritualité et l'immortalité de l'âme

I

LA RAISON ET LA FOI

I. — Certaines vérités peuvent être démontrées par la raison naturelle : elles forment le domaine spécial de la philosophie.

II. — Rôle de la raison et de la foi à l'égard des vérités qui sont en même temps l'objet de l'une et de l'autre : la foi vient au secours de la raison pour faire adhérer à ces vérités un plus grand nombre d'esprits, plus rapidement et plus sûrement.

III. — Le même esprit ne peut à la fois sur la même vérité faire acte de science et acte de foi ; mais l'un peut savoir ce que croit un autre.

IV. — La science ne diminue pas le mérite de la foi. — La foi vive porte à rechercher la science de ce qui peut être connu par la raison.

I. — On est trop porté à croire que, dans l'enseignement de saint Thomas, la philosophie n'est que l'esclave de la théologie, sans aucun domaine qui lui appartienne en propre, sans aucune liberté d'allure, aucun procédé, aucune méthode qui soient à elle, aucune con-

couvert par les libres investigations de la raison ? »

Oui, l'enseignement de saint Thomas contient une philosophie vraiment rationnelle, bien que parfaitement en harmonie avec la foi chrétienne. Aucun philosophe n'a revendiqué avec plus de fermeté les droits de la raison naturelle, que ce théologien qui tenait à honneur de se faire le disciple d'Aristote et qui s'inspirait aussi des plus hautes vues de Platon.

En ce qui concerne la nature humaine, la philosophie de saint Thomas est un système profond, où l'homme se présente comme un monde en raccourci, comme une synthèse étonnante, en un seul être, de tous les genres d'êtres de la création.

Essayons de nous rendre compte exactement des prérogatives que saint Thomas reconnaît à notre raison ; essayons, avant d'entrer dans le détail de ses théories relatives à la nature humaine, de nous faire une idée générale de ce qu'est l'homme d'après sa philosophie.

LA NATURE HUMAINE

LA PHILOSOPHIE DE SAINT THOMAS

INTRODUCTION

Il y a, dans la doctrine de saint Thomas, une véritable philosophie. — La nature humaine y est présentée comme la synthèse de tous les genres d'êtres créés.

Nous avons le dessein d'étudier la philosophie de saint Thomas, et tout d'abord sa doctrine philosophique sur la nature humaine.

Mais une question préalable se pose naturellement ; c'est celle-ci : « Y a-t-il une véritable philosophie dans l'œuvre de saint Thomas d'Aquin ? Sa doctrine n'est-elle pas exclusivement théologique, c'est-à-dire une doctrine d'autorité, plutôt qu'un système dé-

I

LA PHILOSOPHIE
DE SAINT THOMAS

PHILOSOPHIE DE SAINT THOMAS

LA

NATURE HUMAINE

Par M. J. GARDAIR, Professeur libre de Philosophie

A LA FACULTÉ DES LETTRES DE PARIS, A LA SORBONNE

PARIS

P. LETHIELLEUX, LIBRAIRE-ÉDITEUR

10, RUE CASSETTE, 10

Ouvrages de M. J. GARDAIR,
Professeur libre de philosophie
à la Faculté des Lettres de Paris, à la Sorbonne.

Corps et âme. — Introduction à la Philosophie de saint Thomas. In-12. . . . . 3 50

COURS LIBRE SUR LA PHILOSOPHIE
DE
SAINT THOMAS

Volumes parus :

I. — **La Nature humaine.**
   In-12. . . . . 3 50

II. — **La Connaissance.**
   In-12. . . . . 3 50

III. — **Les Passions et la Volonté.**
   In-12. . . . . 3 50

En préparation :

IV. — **Les Vertus naturelles.**

V. — **Les Lois.**

VI. — **Dieu.**

Cet ouvrage a été déposé, suivant la loi, en novembre 1896.

TOUS DROITS RÉSERVÉS

LA
NATURE HUMAINE

8° R
14128

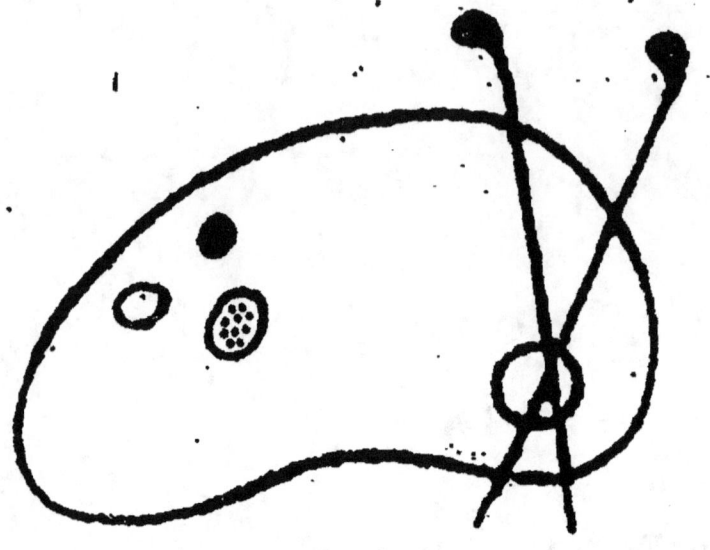

Fin d'une série de documents en couleur

www.ingramcontent.com/pod-product-compliance
Lightning Source LLC
Chambersburg PA
CBHW051830230426
43671CB00008B/905